Colin J. Vogel

Was fehlt denn meinem Pferd?

Colin J. Vogel

Was fehlt denn meinem Pferd?

Ratgeber für Erste Hilfe, Behandlungspraxis, Notfälle

Die Deutsche Bibliothek – CIP-Einheitsaufnahme

Vogel, Colin J.
Was fehlt denn meinem Pferd? Ratgeber für Erste Hilfe,
Behandlungspraxis, Notfälle / Colin J. Vogel. [Zeichn.: Joy
Claxton ; Gerhard Kapitzke. Übers.: Hiltgart Hauptmeier]. –
München; Wien; Zürich: BLV, 1994
  Einheitssacht.: The stable veterinary handbook 〈dt.〉
  ISBN 3-405-14423-X

Bildnachweis

Zeichnungen: Jennifer Johnson, außer
Gerhard Kapitzke: Seite 6, 7
Ulrik Schramm: Seite 31, 47, 60, 69, 98, 109, 134

Umschlaggestaltung: Zero Grafik & Design, München
Umschlagfoto: IFA-Bilderteam (Vorderseite)
Jürgen Kemmler (Rückseite)

Übersetzung: Hiltgart Hauptmeier

BLV Verlagsgesellschaft
München Wien Zürich
80797 München

Titel der englischen Originalausgabe:
Stable Veterinary Handbook
© Text: Colin J. Vogel 1990
erschienen bei David & Charles, Newton
Abbot/Großbritannien

© der deutschsprachigen Ausgabe:
1994 BLV Verlagsgesellschaft mbH, München

Gesamtherstellung: Pustet, Regensburg

Gedruckt auf chlorfrei gebleichtem Papier

Printed in Germany · ISBN 3-405-14423-X

INHALT

Anatomie: Skelett und Muskulatur

Das Knochengerüst

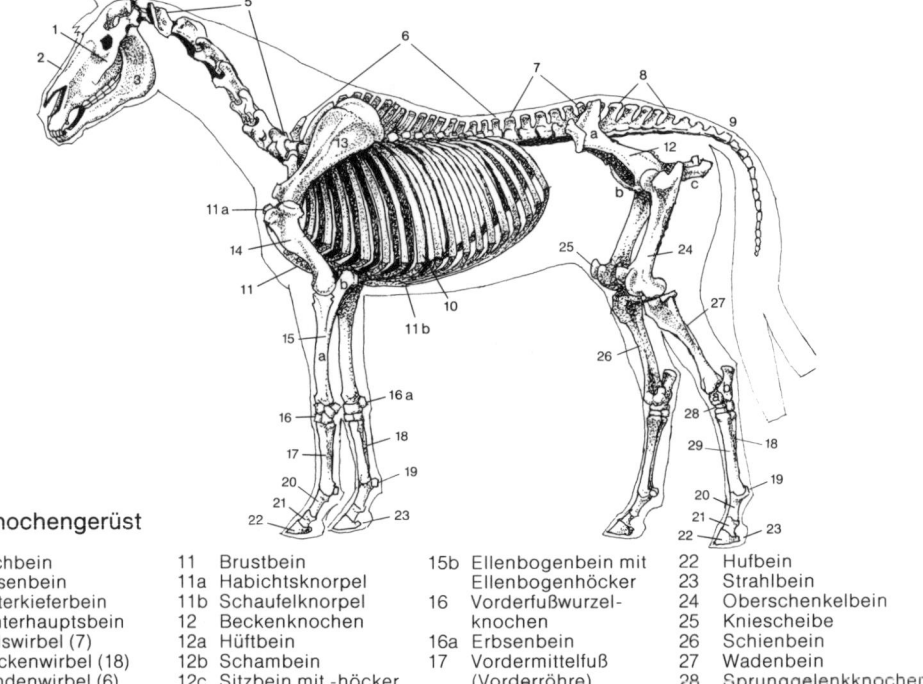

Das Knochengerüst

1 Jochbein	11 Brustbein	15b Ellenbogenbein mit	22 Hufbein
2 Nasenbein	11a Habichtsknorpel	Ellenbogenhöcker	23 Strahlbein
3 Unterkieferbein	11b Schaufelknorpel	16 Vorderfußwurzel-	24 Oberschenkelbein
4 Hinterhauptsbein	12 Beckenknochen	knochen	25 Kniescheibe
5 Halswirbel (7)	12a Hüftbein	16a Erbsenbein	26 Schienbein
6 Rückenwirbel (18)	12b Schambein	17 Vordermittelfuß	27 Wadenbein
7 Lendenwirbel (6)	12c Sitzbein mit -höcker	(Vorderröhre)	28 Sprunggelenkknochen
8 Kreuzwirbel (5)	13 Schulterblatt	18 Griffelbein	28a Rollbein
9 Schweifwirbel (18–21)	14 Oberarmbein	19 Gleichbein	28b Sprungbeinhöcker
10 Rippen (8 echte,	15 Unterarmbein	20 Fesselbein	29 Hintermittelfuß-
10 falsche)	15a Speiche	21 Kronbein	knochen (Hinterröhre)

Die Muskeln

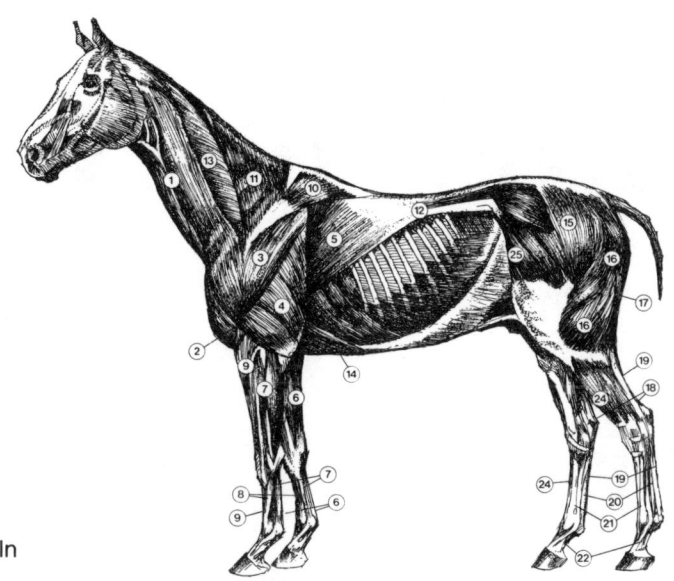

Die Muskeln

EINFÜHRUNG

Diese Einführung soll ihnen helfen, wie man dieses Buch am besten handhabt. Sie werden bald merken, daß alle Kapitel den gleichen Aufbau haben. Unter der Kapitelüberschrift befindet sich jeweils die Abbildung eines Pferdes. Darin sind genau die Stellen eingezeichnet, die am jeweiligen Körperteil Probleme bereiten können und im Text besprochen werden. Soweit der Körper als Ganzes betroffen ist, wird das Krankheitsbild unter der Kapitelüberschrift angegeben. Zum Beispiel die Anämie, die ja den gesamten Körper betrifft, da das Blut alle Teile des Körpers versorgt. Nach der Abbildung folgen dann einige allgemeine Bemerkungen zur Anatomie, die Ihnen helfen sollen, die Auswirkungen der einzelnen Krankheiten auf das Pferd und seine Leistung einzuordnen.

Abschließend folgt eine ausführliche Besprechung der Probleme, die Pferden häufig zu schaffen machen.

Selbstverständlich kann und will dieses Buch keine vollständige Darstellung aller tierärztlichen Probleme beim Pferd sein.

Die in diesem Buch behandelten Probleme erkennt der Pferdehalter entweder selbst, oder es handelt sich um Zustände, die so allgemein bekannt sind, daß jeder Pferdehalter etwas darüber wissen und in der Lage sein sollte, entsprechende Sofortmaßnahmen zu ergreifen.

Zu diesem Zweck habe ich jedem Krankheitsbild einen deutlich gekennzeichneten Maßnahmen-Katalog beigefügt. Hierin sind die wichtigsten Erste-Hilfe-Maßnahmen **dickgedruckt** angeführt, damit Sie im Notfall auf den ersten Blick erkennen können, was sofort unternommen werden muß.

Als Krankheit bezeichnet man jede Abweichung von der Norm. Das bedeutet, daß man einen Krankheitszustand nur erkennen kann, wenn man mit dem Normalzustand vertraut ist. Das Erscheinungsbild eines normalen Pferdes kann von Pferd zu Pferd recht unterschiedlich sein. Temperament, Größe und Rassenzugehörigkeit können in diesem Zusammenhang erhebliche Unterschiede ausmachen.

Will man die allerersten Anzeichen einer Erkrankung erkennen, muß man mit seinem Pferd oder seinen Pferden gut vertraut sein. Allgemein gilt, je früher eine Erkrankung diagnostiziert wird, desto besser sind die Aussichten für eine erfolgreiche Behandlung.

Jeder Pferdehalter sollte in der Lage sein, die Temperatur, den Herz- bzw. Pulsschlag, den Atemrhythmus, das Temperament und das Freßverhalten des Pferdes regelmäßig zu überprüfen, um sich über seinen Gesundheitszustand zu informieren. Man mißt beim Pferd Temperatur, indem man ein Thermometer in das Rektum einführt und etwa 1 Minute lang darin hält. Halten Sie dabei den Schweif des Pferdes fest, damit das Thermometer nicht herausgewedelt wird und herunterfällt, und, wenn irgend möglich, halten Sie auch das Thermometer fest, denn das Pferd könnte misten und es

Stelle, an der die Arterie an der Innenseite des Kieferknochens verläuft und der Pulsschlag gefühlt werden kann.

dabei herauspressen. Die Normaltemperatur eines gesunden Pferdes beträgt etwa 38,5 °C. Mehr als 39 °C sind immer bedenklich. Temperatur zu messen ist leicht, das Ablesen des Thermometers nicht immer. Probieren Sie es mit Ihrem eigenen Stallthermometer einmal aus, solange Ihr Pferd gesund ist.
Herz- und Pulsschlag stimmen anzahlmäßig miteinander überein; sie werden lediglich an unterschiedlichen Stellen gezählt. Um die

Herztöne zu zählen und abzuhören, ist man auf ein Stethoskop angewiesen. Den Puls mißt man, indem man einen Finger auf die Arterie legt, die an der Innenseite des Unterkiefers verläuft, und dort die schwach spürbaren Pulsschläge zählt. Dies kann eventuell schwierig sein, und man sollte es unbedingt einmal ausprobieren. Bei einem gesunden Pferd in Ruhe zählt man etwa 40 Schläge in der Minute. Bei mehr als 60 Schlägen in der Minute, bei einem Pferd im Ruhezustand, ist etwas nicht in Ordnung. Beim galoppierenden Pferd kann das Herz mehr als 200mal in der Minute schlagen. Auch die Atmung ist bei einem Pferd in Ruhe wesentlich langsamer als nach der Bewegung (sie wird gemessen, indem man die Flanke des Pferdes beobachtet und die Anzahl der Atemzüge pro Minute zählt). Sie beträgt etwa 8–16 Atemzüge pro Minute. Das Verhältnis von drei Herzschlägen zu einem Atemzug bleibt konstant, außer unter starker Belastung (wenn das Pferd sich sehr schnell bewegt). Wenn Sie den Eindruck haben, daß das Pferd kurzatmig ist, prüfen Sie zunächst das Verhältnis vom Atemrhythmus zum Herzschlag.

Die letzten beiden Prüfsteine für ein gesundes Pferd, das Temperament und das Freßverhalten, sind weitgehend subjektiv und erfordern eine sorgfältige Beobachtung. Ein Tierarzt kann diese Faktoren nicht genau beurteilen, da er das Pferd nicht über Wochen und Monate hat beobachten können. Diese Informationen muß er sich von Ihnen, dem Pferdehalter, holen. Deswegen sind diese Angaben jedoch nicht weniger wichtig. Die Tatsache, daß ein Pferd, das sein Futter sonst sofort frißt, nicht ausgefressen hat, ist oft ein erster Hinweis auf ein Problem und ermöglicht, die Krankheit bis zu ihrer Entstehung zurückzuverfolgen.

Abgesehen von den üblichen Anzeichen eines gesunden Pferdes, sollte man mit der gesundheitlichen Verfassung eines Pferdes, das man betreut, gut vertraut sein. Man muß um alte Narben und Knochenauftreibungen wissen, um zu erkennen, ob etwas neu aufgetreten ist oder schon da war. So sollte man möglichst auch jedes Pferd, das neu in den Bestand aufgenommen wird, zunächst tierärztlich untersuchen lassen, bevor es bezahlt wird. Eventuell erspart man sich so den Ärger, später herauszufinden, daß alte Leiden vorhanden sind, die das Pferd beeinträchtigen; und man bekommt einen schriftlichen Bericht an die Hand, der mögliche Mängel anführt.

In den folgenden Kapiteln erscheint immer wieder der Satz: »Rufen Sie sofort den Tierarzt!« Befolgen Sie diese Aufforderung. Alle praktischen Tierärzte haben einen telefonischen 24-Stunden-Notruf. Man wird sich Ihre Sorgen anhören und Ihnen sagen, ob sofort jemand herauskommen muß, um sich das Pferd anzusehen, oder ob man noch einige Stunden warten kann. Wenn Sie nicht so erfahren sind, daß Sie wissen, wie ein Problem behandelt wird, können Sie wahrscheinlich auch nicht mit Sicherheit sagen, ob der Tierarztbesuch dringend ist oder ob bis zum nächsten Tag gewartet werden kann. Rufen Sie bei Ihrem Tierarzt an und lassen Sie ihn entscheiden. Es wäre gut, seinen Namen und seine Telefonnummer auswendig zu wissen. Außerdem sollten seine Anschrift und Telefonnummer in der Sattelkammer deutlich sichtbar angebracht sein, für den Notfall, bei dem Sie gerade nicht in der Nähe sind.

1

WEIDEPFLEGE

Pferdehalter müssen einiges dazu tun, damit ihre Pferde im Frühjahr und Sommer qualitätvolles Gras fressen können.

Allzu leicht überlassen wir es aber Mutter Natur, für den Graswuchs zu sorgen, und widmen uns ganz der Reiterei und der Leistungssteigerung unserer Pferde.

Grundlage jeder Weidepflege ist das regelmäßige Nachschneiden aller Stellen, an denen langes Gras steht. Sicher haben sie schon bemerkt, daß alle Flächen, die über längere Zeit ausschließlich von Pferden beweidet werden, aus rasenähnlich kurzgehaltenen Bereichen bestehen und aus den sogenannten Geilstellen, auf denen die Pferde misten, aber nicht fressen. Durch das Nachschneiden begrenzt man das Zunehmen der Geilstellen und sorgt für eine möglichst große Weidefläche. Auf jeden Fall fressen Pferde langes Gras längst nicht so gern wie kurzes.

Pferdekot sollte in regelmäßigen Abständen abgesucht werden, um der Übertragung von Würmern von einem Pferd auf das andere, oder sogar der Neuinfektion von ein und demselben Pferd, entgegenzuwirken.

Sicher macht es keinen besonderen Spaß, bei kaltem oder regnerischem Wetter Pferdeäpfel abzusuchen; aber Weiden, in denen auch im Winter Pferde stehen, werden mit der Zeit stark durch Kot verunreinigt.

Wird der Kot nicht vor Frühjahrsbeginn entfernt, findet man ihn im Gras nicht mehr wieder. Ein weiterer Grund dafür, die Weiden auch im Winter abzusuchen, ist die Tatsache, daß die Eier einiger Wurmarten im Winter ziemlich lange im Kot überleben können, um sich dann beim Einsetzen wärmerer Temperaturen zu vermehren.

Wir haben keine Chemikalien zur Verfügung, mit denen man Wurmeier auf der Weide bekämpfen könnte, aber – wie später noch besprochen werden soll – hilft eine Weidegemeinschaft mit Rindern und Schafen, einen großen Teil der Pferdeparasiten zu beseitigen.

Jeder Bauer, der vom Getreideanbau lebt, tut alles dazu, Düngemittel und Unkrautbekämpfungsmittel genau zum richtigen Zeitpunkt einzusetzen, um einen möglichst hohen Ertrag zu erzielen.

Pferdehalter orientieren sich selten an derartigen Hilfen. Ich vermute, sie wollen sich nicht mit den Einzelheiten der exakten Anwendung belasten.

Düngemittel können das Wachstum des Grases im Frühjahr stark fördern. Verzichtet man darauf, dauert es unnötig lange, bis die

Weide sich von den Schäden der Winterbeweidung erholt hat. Je stärker das Gras beweidet wurde, desto mehr können Düngemittel bewirken.

Düngemittel schaden den Pferden nicht, wenn man abwartet, bis ein kräftiger Regen den Dünger in den Boden gespült hat (was bei unserem Klima meist nicht lange auf sich warten läßt). Das nun wachsende Gras muß jedoch mit Vorsicht beweidet werden. Dünger fördert immer das Wachstum von saftigem, jungem Gras, aber nicht die Zunahme der alten, fibrösen Stengelmasse. Das bedeutet, daß es zu einer Futterumstellung für Ihr Pferd kommt und entsprechend Vorsicht geboten ist.

Der Wechsel in eine gedüngte Weide muß stufenweise erfolgen, wie jede Futterumstellung. Die Bakterien im großen Kolon des Pferdes, die für die Verdauung der Zellulose im Gras zuständig sind, müssen sich von einer Bakterienzusammensetzung, die darauf eingestellt ist, zähe, alte Fasern zu zersetzen, auf eine solche umstellen, die dem hohen Wassergehalt im frischen Gras gerecht wird.

Selbstverständlich schmeckt junges, frisches Gras besser als das überständige vom letzten Jahr. Läßt man das Pferd gewähren, frißt es möglicherweise viel zuviel. Daher kann es nötig sein, die Weidezeit zu begrenzen, und zwar entweder, indem man die Weidefläche zuteilt oder indem man das Pferd aufstallt.

Unkrautbekämpfungsmittel können Vergiftungen nach sich ziehen.

Ein Großteil von ihnen wirkt entweder an der Pflanzenoberfläche oder wird vom Gewebe aufgenommen. Anders als Düngemittel, die in den Boden gewaschen werden, können Herbizide in beträchtlichen Mengen im Aufwuchs über dem Boden enthalten sein. Daher sind die Angaben der Hersteller in bezug auf die Verdünnung, die Verwendung und die Wartezeiten vor der erneuten Beweidung der Flächen **auf das genaueste** einzuhalten.

Dies wird dadurch erschwert, daß viele Hersteller Pferde in ihrer Gebrauchsanweisung nicht anführen und sich bei ihren Angaben nur auf Rinder und Schafe beziehen. Bei einigen Herbiziden werden auch speziell Angaben zu Pferden gemacht, und man sollte nach derartigen Präparaten Ausschau halten.

Ganz allgemein gilt, daß bei trockenem Wetter länger zu warten ist, bevor eine Fläche beweidet wird, da das Wachstum langsamer vonstatten geht und weniger Chemikalien von den Pflanzen abgespült werden als bei feuchter Witterung.

15

Das Jakobskreuzkraut stellt ein besonderes Problem dar, denn es ist im abgestorbenen Zustand genauso giftig wie als lebende Pflanze. Wenn Sie Jakobskreuzkraut mit Unkrautvernichtungsmitteln bekämpft haben, sind die abgestorbenen Pflanzen vor dem erneuten Beweiden zu entfernen. Es ist erstaunlich, wie gern Pferde abgestorbenes Jakobskreuzkraut fressen. Je mehr Unkräuter bekämpft wurden, desto länger ist wegen der chemischen Rückstände in den abgestorbenen Pflanzen vorsichtshalber zu warten, bevor die Pferde wieder auf die Weide gelassen werden.

Bei einer sachgerechten Weidepflege brauchen keine Pferde auf schlechten Weiden zu stehen, in denen die Unkräuter etwa 30 cm hoch sind und das Gras nicht höher als 2 cm wird.

2

DIE ERSTE-HILFE- AUSRÜSTUNG

Zunächst einmal ist die Erste-Hilfe-Ausrüstung dazu da, Erste Hilfe zu ermöglichen. Also muß sie zur Unfallzeit oder unmittelbar danach greifbar sein. Das bedeutet, daß es nicht ausreicht, nur eine Erste-Hilfe-Ausrüstung zu haben, die im Stallbereich zur Verfügung steht. Bei einem längeren Geländeritt kann es viele Kilometer vom Stall entfernt zu einer Verletzung kommen, die behandelt werden muß, bevor man weiterreitet, oder man muß auf irgendeinem Turnier zu den Boxnachbarn gehen und sich die Dinge ausleihen, die man für die Erste-Hilfe-Versorgung selbst dabei haben sollte. Am besten stellen Sie sich drei Erste-Hilfe-Packs zusammen. Die Hauptausrüstung sollte am Stall bleiben. Eine zweite gehört als ständige Ausrüstung in den Transporter oder Anhänger, und eine sehr kleine Ausrüstung sollte routinemäßig in die Tasche gesteckt oder an den Gürtel geschnallt werden, bevor man ausreitet (so wie man vor dem Ausritt eine feste Kappe aufsetzt).

Wichtig ist, daß eine Erste-Hilfe-Ausrüstung wirklich für Erste-Hilfe-Fälle gedacht ist. Hier ist nicht beabsichtigt, ernste Erkrankungen oder größere Verletzungen zu behandeln, ohne einen Tierarzt zu Rate zu ziehen. Die Erste-Hilfe-Ausrüstung soll Sie nicht vom Tierarzt unabhängig machen, sondern ermöglichen, die Behandlung des Pferdes so vorzubereiten, daß sie möglichst erfolgreich ist.

In diesem Kapitel sollen die verschiedenen Dinge vorgestellt werden, aus denen sich eine Erste-Hilfe-Ausrüstung zusammensetzen kann, um Ihnen die Auswahl für Ihre persönliche Ausrüstung zu erleichtern.

Desinfektionsmittel

Desinfektionsmittel sind längst nicht so wichtig, wie oft angenommen. Es ist wichtiger, daß Wunden sauber und frei von sichtbaren Verschmutzungen sind. Vielleicht ist die wichtigste Aufgabe des Desinfektionsmittels in einer Erste-Hilfe-Ausrüstung, sicherzustellen, daß das Wasser, mit dem man eine Wunde reinigt, nicht zusätzliche Verschmutzungen und zusätzliche Infektionen verursacht. Die Leitungen der Stallwasserversorgung entsprechen übrigens häufig nicht den Vorschriften. Ebenso kann das Wasser, das man draußen aus einem Teich oder Wasserlauf holt, verunreinigt sein. Daher sind Tabletten zum Sterilisieren von Wasser in einer Erste-Hilfe-Ausrüstung mindestens so sinnvoll wie eine Flasche Desinfektionslösung. Auch nehmen sie viel weniger Platz in Anspruch und sind wesentlich leichter.

Bei der Herstellung eines Desinfektionsmittels müssen die Produzenten darauf achten, die Lösung einerseits stark genug zu machen, um Bakterien oder auch Viren abzutöten, andererseits darf sie nicht so scharf sein, daß sie körpereigenes Gewebe, mit dem sie in Berührung kommt, zerstört. Dem entspricht auch der wichtigste Unterschied in der Anwendung von Desinfektionsmitteln an offenen Wunden und einem Antibiotikum. Antibiotika greifen die Bakterien direkt an und töten sie ab, ohne das benachbarte Gewebe im geringsten anzugreifen, während Desinfektionsmittel jedes lebende Gewebe zerstören. Solange man sich genau an die Angaben der Hersteller bei der Verdünnung des Desinfektionsmittels hält, braucht man sich keine Sorgen zu machen.

Sie dürfen die Desinfektionslösung auf keinen Fall stärker anmischen, weil eine Wunde besonders stark verschmutzt ist. Eine höher konzentrierte Lösung tötet nicht mehr Bakterien ab, kann aber das Gewebe des Pferdes so angreifen, daß der Heilungsprozeß verzögert wird.

Bei der Verwendung eines Desinfektionsmittels ist es grundsätzlich wichtig, ein Meßgefäß zur Hand zu haben, mit dem Sie die Mischung vorschriftsmäßig herstellen können. Beachten Sie dabei, daß viele Desinfektionsmittel durch die Verschmutzung mit organischen Substanzen ihre Wirksamkeit verlieren. So nützt ein Eimer mit verschmutzter Desinfektionslösung oft überhaupt nichts. Es hat mehr Wert, das Wasser zu wechseln und notfalls klares Wasser zu benutzen, als eine Wunde immer weiter mit einer Desinfektionslösung zu waschen, die zunehmend schmutziger wird.

Getränkte Tupfer (Alkomed)

Als Pferdebesitzer haben Sie sicher schon einmal gesehen, wie ein Tierarzt kleine Tupfer benutzt, die mit einem Desinfektionsmittel getränkt sind, wenn er die Haut vor einer Injektion säubert oder einen Wundrand reinigt. Diese Tupfer gibt es entweder in Papier verpackt oder in einem kleinen Spezialbehälter zu kaufen, der das

Desinfektionsmittel vor dem Verdunsten schützt. Vorteil dieser getränkten Tupfer ist, daß man von der Wasserversorgung unabhängig ist.

Waschlösungen

In den letzten Jahren hat sich die Verwendung von Waschlösungen auch im veterinärmedizinischen Bereich durchgesetzt. Grundlage dieser Präparate ist eine Mischung aus Apfelsäuren, Benzoesäuren und Salyzilsäuren. Sie fördern die Ablösung und Abstoßung von abgestorbenem Gewebe an der Wunde. Sie haben außerdem antibakterielle Eigenschaften – ein zusätzliches Plus. Diese Waschlösungen sind in Form von Cremes oder Lotionen erhältlich, eignen sich hervorragend zur Behandlung nicht verschmutzter Wunden und sind preiswert.

Wundpuder und Salben

Nach dem Reinigen einer Wunde wird gewöhnlich eine Salbe oder ein Puder aufgebracht, um zu verhindern, daß sich erneut eine Infektion in der Wunde bildet. Vor der Anwendung sollte man die Vor- und Nachteile dieser Anwendungsformen abwägen. Salben sind Präparate auf öliger Grundlage. Sie sind schwieriger aufzubringen als Cremes und werden nicht so leicht vom Gewebe aufgenommen. Andererseits sind sie bis zum gewissen Grade wasserabweisend und widerstandsfähig gegen Regen und nasses Gras.
Wundcremes werden auf wasserlöslicher Basis hergestellt. Dadurch lassen sie sich gut in die Haut einreiben, werden aber andererseits durch Regenwasser oder durch aus der Wunde dringende Gewebsflüssigkeit abgespült.
Wundpuder haben vor Salben und Cremes den Vorteil, daß sie sich aufbringen lassen, ohne daß man das Pferd direkt berührt. Da Wunden meistens recht schmerzempfindlich sind, bereitet man dem Pferd beim Aufbringen von Medikamenten oft noch mehr Schmerzen. Manche Pferde lassen nicht einmal ihre Besitzer mit Salben oder Cremes an die Wunde heran, wehren sich aber nicht

beim Aufstäuben von Puder. Nachteil bei Puder ist, daß er trocken ist. Das kann bedeuten, daß die aktiven Bestandteile gar nicht durch die Haut absorbiert werden. So kommt nur die Wunde, der Bereich der Haut, der verletzt wurde, mit dem Medikament in Berührung. Das bedeutet, daß eine dick aufgetragene Puderschicht nicht mehr Wirkung hat als eine ganz feine Schicht. Sie vermittelt dem Pferdehalter lediglich ein falsches Gefühl der Sicherheit. Man erreicht mehr, wenn man mehrmals täglich eine sehr feine Schicht aufträgt, als einmal täglich eine dicke. Zu dick aufgetragener Puder zieht weitere Probleme nach sich, denn die aus der Wunde austretende Feuchtigkeit wird vom Puder aufgesaugt, und es kommt zur Bildung einer Art Paste. Von außen sieht diese Schicht trocken aus, aber an der Wunde ist die Puderschicht naß und weich. Um dies zu vermeiden, sollte man alle 2–3 Tage den Puder vollständig entfernen und neu damit beginnen, die Wunde dünn zu bestäuben.

Auch mit Wundsprays kann man eine Verletzung versorgen, ohne daß man sie direkt berührt. Leider verursachen sie ein deutliches Geräusch, bei dem manche Pferde empfindlich reagieren. Ich vermute, es liegt daran, daß Aerosol-Sprays sich beim Verdunsten auf der Haut kalt anfühlen und das Pferd dann das eigenartige Geräusch mit der plötzlichen Kälte an der schmerzenden Stelle verbindet. Schiebt man den Pferden vor dem Sprühen etwas Watte in die Ohren, lassen sie sich das Ganze oft sehr viel besser gefallen. Auch hier sind die Angaben der Hersteller zu beachten. Meistens steht dort, daß der Spray aus einer Entfernung von 30–50 cm aufzusprühen ist, und nicht aus 5–10 cm Entfernung, wie es so oft geschieht. Es trifft zwar zu, daß aus einer größeren Entfernung eine größere Hautfläche besprüht wird, doch ist so gewährleistet, daß die Konzentration des Mittels der Behandlung angemessen ist. Außerdem sind diese Mittel vor Gebrauch gut zu schütteln.

Geschieht dies nicht, ist ein Teil des Doseninhalts schwächer konzentriert als erforderlich und der andere viel stärker, als angebracht. Bei Aerosol-Sprays setzt sich der Sprühkopf leicht zu, deshalb sollte man ihn nach Gebrauch säubern.

Ich möchte noch darauf eingehen, welche Mittel sich bei der Wundbehandlung besonders bewährt haben. Zunächst ist zwischen einem Antiseptikum und einem Antibiotikum zu wählen. Antiseptische Präparate sind leichter zu bekommen, da sie frei verkäuflich sind. Antibiotika hingegen bekommt man nur beim Tierarzt. Ich halte Antibiotika für wirksamer, wenn es darum geht, Bakterien abzutöten, die eine Wundinfektion verursachen, und das Gewebe wird dabei nicht im geringsten angegriffen. Daher sollte man den Tierarzt um Antibiotikacreme, -puder oder -spray bitten. Einige Präparate haben sich in solchen Situationen besonders bewährt. So wird Neomycin in Salbenform häufig verwendet und Tetracyclin, der aktive Wirkstoff des »Blausprays«, den viele Leute von ihrem Tierarzt bekommen. Dabei sollte man wissen, daß die Wirkung des Sprays auf dem darin enthaltenen Antibiotikum beruht und nichts mit der blauen Färbung zu tun hat, die er seit jeher hat.

Dies hat sogar einige Leute dazu veranlaßt, Aerosol-Sprays herzustellen, die im Handel verkauft werden, die Wunde aber nur blau färben und sonst völlig wirkungslos sind.

Wundpuder enthalten oft Sulfonamid, da dies besonders temperaturunempfindlich und auch sonst nicht so empfindlich ist, wie viele andere Antibiotika. Heutzutage steht auf allen Antibiotikapräparaten das Verfallsdatum, und die Erste-Hilfe-Ausrüstung sollte von Zeit zu Zeit daraufhin überprüft werden, ob die Verfallsdaten nicht überschritten sind.

Insektenmittel

Die meisten Leute würden Insektenmittel nicht zur Ersten-Hilfe-Ausrüstung zählen, aber ich habe sie aus zwei Gründen mit dazugenommen. Erstens: Wenn ein Pferd an Sommerräude leidet, muß ein Insektenmittel zur Hand sein, wenn das Pferd anfängt, sich zu scheuern und darf dann nicht erst gekauft werden müssen. Zweitens: Offene Wunden locken immer Insekten an, die die Wunde reizen, mit dem Ergebnis, daß das Pferd sich scheuert. Sie können auch ihre Eier in die Wunde legen und sie so verschmutzen. Es gibt Wundpuder, in denen ein Insektenmittel enthalten ist. Es liegt auf der Hand, daß diese Puder – vor allem in den Sommermonaten – besonders vorteilhaft sind.

Wundverbände

Es gibt viele Gründe dafür, Wunden abzudecken.
Wichtig ist dabei, daß das Verbandsmaterial nicht auf der Wunde festklebt. Wenn Sie einen Verband nämlich direkt auf der Wunde

anlegen, müssen Sie beim Abnehmen das im Verband verklebte Blut abreißen, und das tut weh. Oft fängt die Wunde dabei neu zu bluten an – was sehr ärgerlich ist.

Eines der beliebtesten, nicht festklebenden Verbandsmaterialien besteht aus Gaze, die mit einer Antibiotikasalbe getränkt ist. Hier hat man den doppelten Vorteil, daß erstens der Verband nicht festklebt und zweitens Antibiotika freigesetzt werden, die gegen eine mögliche Infektion wirksam sind. Der Verbandsmull, in Form einzelner kleiner Päckchen verpackt, ist leicht und nimmt in der Ersten-Hilfe-Ausrüstung nur wenig Platz in Anspruch.

Auch sehr brauchbar ist der Verbandsstoff Mellonin. Er ist aus einer speziellen Polyäthylen-Haut, die nicht auf der Wunde klebt, und Feuchtigkeit durchläßt. Diese Haut ist mit einem Stück Scharpie überzogen, das jegliche austretende Feuchtigkeit aufsaugt. Vorsicht: Manche Leute glauben, sie müßten Mellonin mit der Scharpie-Seite auf die Wunde aufbringen; dies ist völlig falsch. – Mellonin enthält keine Wirkstoffe, die eine Infektion bekämpfen; dies muß auf andere Weise geschehen. Dennoch ist Mellonin ein sehr wirksames Verbandsmaterial, weil es die Haut leicht feucht, aber nicht naß hält. Kurz gesagt, es schafft ideale Bedingungen für den Heilprozeß.

Auch Granuflex ist ein Verbandsstoff, der in erster Linie günstige Bedingungen für eine schnelle Wundheilung schafft. Es besteht aus der verhältnismäßig dicker Schicht eines Granulats, das in eine gallertartige Masse eingebettet ist.

Dieses Verbandsmaterial paßt sich der Wunde an und verbleibt mehrere Tage, ohne Wechsel, an Ort und Stelle. Das Gallert, das mit der Zeit ziemlich schmierig wird, nimmt aus der Wunde austretende Flüssigkeit auf. So sehen Wunden, die mit Granuflex behandelt wurden, zunächst ziemlich verschmutzt aus, aber nach dem Reinigen machen sie einen erstaunlich sauberen und trockenen Eindruck.

Verbandswatte

In fast jeder Erste-Hilfe-Ausrüstung befindet sich Verbandswatte, allerdings in der falschen Absicht.

Sie saugt nicht besonders gut Wasser auf, um Wunden zu reinigen, denn sie zerfällt leicht, wenn sie naß wird. Auch als Polstermaterial unter Verbänden eignet sie sich nicht sehr, denn sie haftet an feuchten Stellen und hinterläßt Flusen, wenn man sie abnimmt. Außerdem ist es schwierig, Watte aufzubringen oder abzunehmen, denn sie zerreißt schnell.

Dennoch muß jede größere Erste-Hilfe-Ausrüstung wenigstens eine unangebrochene 500 g-Packung Watte enthalten, möglichst sogar zwei, denn Watte ist eine notwendige Voraussetzung für das Anlegen eines Robert-Jones-Schienenverbandes, den man beim leisesten Verdacht auf einen Knochenbruch macht, um das Bein ruhigzustellen. Die beiden Watterollen werden so stramm, wie das bei Watte möglich ist, um das verletzte Bein gerollt, dann wird der Verband durch eine sehr feste Bandage an Ort und Stelle gehalten. Allein die Masse der Verbandswatte und das Anliegen am Bein, in der Art einer Kompresse, stellen die Gliedmaßen ruhig. Liegt nun wirklich ein Bruch vor, so kompliziert er sich nicht zusätzlich dadurch, daß die Knochen weiter bewegt werden. Keinesfalls sollte man die Wattepackungen öffnen und hier und da kleine Mengen herausnehmen. Im Ernstfall muß genug Watte zur Verfügung sein, um die Gliedmaßen ruhigstellen zu können.

Equimoll-Gewebe

Bei Equimoll-Gewebe sind die Nachteile von Verbandswatte für die Erste Hilfe bereits überwunden. Es besteht aus Mull oder Watte, die zwischen zwei Gazeschichten gehalten wird.

So läßt es sich leicht abrollen und anlegen. Man kann das Gewebe passend zuschneiden, und es hält dann auch die Form. Es flust nicht auf der Haut, der Wunde oder den Händen der Erste-Hilfe leistenden Personen. Hauptnachteil ist, daß es sich nicht so gut der Form von Gelenken oder einem sich verjüngenden Bein anpaßt wie schiere Verbandswatte.

Binden

Am billigsten ist wohl die WOW, die weiße, offene Webbinde. Bei Pferden kann man nicht viel mit ihr anfangen, obwohl sie manchmal zu fertigen Erste-Hilfe-Ausrüstungen gehört. Man sollte sie herausnehmen.

Sie dehnen sich nicht, passen sich der Form des Pferdebeins nicht an, geben an den Rändern nicht nach und graben sich in die Haut ein, wenn man sie stramm anlegt. Und stramm anlegen muß man sie, weil die einzelnen Lagen der Binde sich nicht miteinander verbinden. Folglich rutscht eine WOW-Binde leicht und kann aufgehen.

Elastische Binden eignen sich am besten für Erste-Hilfe-Leistungen bei Pferden. Sie geben an beiden Seiten etwas nach und können sich daher komplexeren Formen gut anpassen. Auch in der Länge sind sie elastisch, so daß man sie fest anlegen kann und sie sich trotzdem noch dehnen. Es ist üblich, elastische Binden am Ende mit einer Sicherheitsnadel zu befestigen. Einige Pferdehalter befürchten, daß die Nadel aufgehen und Verletzungen verursachen könnte. Ich habe damit noch keine schlechten Erfahrungen gemacht; außerdem werden elastische Binden fast immer mit einem weiteren Verband abgedeckt. Zumindest wird eine gewöhnliche Stallbandage darüber gelegt. Elastische Binden lassen sich waschen und erneut verwenden, verlieren aber immer mehr an Elastizität.

Selbsthaftende Verbände leisten genau das, was ihr Name sagt. Die einzelnen Lagen der Binde haften aneinander, aber der Verband klebt nicht an der Haut oder anderen Körperstellen fest.

Dabei erweist sich als vorteilhaft, daß der Verband nicht mehr losgeht, wenn erst die erste Lage an der richtigen Stelle sitzt, selbst dann nicht, wenn das Pferd ausschlägt und Ihnen die Binde aus der Hand fällt. Auch rollt der noch nicht abgewickelte Teil der Binde dabei nicht quer durch den Stall. Selbsthaftende Binden dehnen sich, so daß Sie es beim Anlegen selbst in der Hand haben, wie stramm der Verband wird. Allerdings verhaften sich die einzelnen Lagen miteinander, und die angelegte Binde gibt nicht weiter nach. Schwillt das Bein unter dem Verband an, so ist die Wirkung so, als ob die Binde strammer angelegt worden wäre. Deshalb sollte jemand, der mit Erste-Hilfe-Verbänden wenig Erfahrung hat, einen Verband möglichst über einer Lage Equimoll-Gewebe anlegen, damit im Falle des Anschwellens eine gewisse Dehnung möglich bleibt. Legen Sie eine selbsthaftende Binde an einem zunächst geschwollenen Bein an. Und geht die Schwellung zurück, kann sich auch hier der Verband nicht zusammenziehen und wird locker. Selbsthaftende Binden eignen sich vor allem für Stützverbände, zur Befestigung einer Wundversorgung sind sie weniger gut geeignet. Sie sind wesentlich teurer als elastische Binden, sehen aber gut aus,

25

weil sie sich exakt der Form des Beins anpassen und keine sichtbaren Vorrichtungen zur Befestigung des Verbands erforderlich sind.

Sie sind mehrfach verwendbar, allerdings muß man sie sehr vorsichtig abnehmen, damit sie nicht zerreißen. Man kann sie waschen, doch auch dies muß mit großer Vorsicht geschehen, damit sie sich nicht hoffnungslos ineinander verheddern und verkleben.

Elastische Heftpflasterbinden bilden im allgemeinen nur die äußerste Schicht eines Verbandes. Sie sind wasserabweisend und sehr haltbar. Sie haften am Fell und sind dazu geeignet, einen Verband an Ort und Stelle zu verankern. Leider passiert es leicht, daß beim Abziehen die Haare mit herausgezogen werden, was dem Pferd unangenehm ist. Bei niedrigen Temperaturen ist die Klebesubstanz nicht immer voll wirksam. Daher empfiehlt es sich gegebenenfalls, die Binde vor dem Gebrauch leicht anzuwärmen. Dies gilt vor allem für das Ende der Binde, das sonst wieder aufgehen kann. Reibt man das Ende des Verbandes nach dem Auflegen leicht mit der Hand, klebt es besser.

Um eine Wundversorgung zu befestigen, wird manchmal ein röhrenförmiges Stretch-Netzgewebe verwandt. Es sitzt allerdings für sich allein nicht fest genug, um zu verhindern, daß die Wundversorgung rutscht oder um ein verletztes Bein ausreichend zu stützen.

Gelenke an einem Pferdebein zu verbinden, kann sich wegen der Form und der Beweglichkeit dieser Körperteile als recht schwierig erweisen. Die Schwierigkeit liegt darin, daß das Bein unterhalb des Verbandes so gut wie immer dünner ist. Je strammer man den Verband anlegt, desto größer ist die Wahrscheinlichkeit, daß er rutscht, wenn er nicht fest verankert wird. Die richtige Verbandstechnik muß man praktisch erlernen.

Packungen

Kaolin-Packungen sind sehr wirksam. Sie halten gut die Wärme, und der Haupteffekt der Packung basiert auf Wärmewirkung. Substanzen wie Kaolin üben außerdem eine Zugwirkung aus. Sie ziehen Flüssigkeit, einschließlich Eiter, aus der Wunde; doch ist diese Wirkung auf die kleine Wundfläche beschränkt; Kaolin durchdringt die Haut nicht. Die Packung kann warm oder kalt angewandt werden; dies wird oft vergessen. In kleinen Mengen kann man Kaolin schnell erhitzen und eine sogenannte »Instant-Packung« machen. Diese besteht aus einer dünnen Polyäthylenhülle, die mit Kaolin gefüllt ist und sich durch Eintauchen in heißes Wasser schnell erhitzen läßt. Umgibt man eine Kaolin-Packung zusätzlich mit Aluminium-Folie, hält sie die Wärme länger. Nachteil bei Kaolin ist – außer in der Verpackung, die ich beschrieben habe –, daß es beim Aufbringen und Abnehmen Schwierigkeiten macht und schmiert. Es ist jedoch nötig, das alte Kaolin von der Wunde zu entfernen, bevor man eine neue Packung macht, denn sonst geht die gesamte Zugwirkung verloren.

Kalte Umschläge

Es gibt verschiedene Formen der Kälteanwendung. Man kann Verbände mit kaltem Wasser tränken. Man kann Eis zwischen die Lagen eines Verbandes legen. Im Notfall kann man sogar eine Packung gefrorener Erbsen um ein Pferdebein packen. Es gibt biegsame Packungen, die an die Packungen erinnern, in denen man Nahrungsmittel für ein Picknick kalthält. Sie werden im Tiefgefrierfach gekühlt, und sie halten die niedrige Temperatur ziemlich lange, obwohl die Seite, die direkt an der Haut anliegt, nach einigen Stunden noch erstaunlich warm ist. Der Bonner-Verband ist eine Spezialbinde, die Feuchtigkeit aufnimmt und dabei biegsam genug bleibt, um am Bein angelegt werden zu können, auch dann, wenn das Wasser noch gefroren ist. Da sie dicht an der betroffenen Stelle anliegt, kühlt sie sehr wirksam.
Kurzfristig verwendbar ist auch das Eisspray. Gut geeignet sind die alten Hausmittel wie Umschläge mit Alkohol oder essigsaurer Tonerde.

Scheren

Jede Erste-Hilfe-Ausrüstung muß eine gute, scharfe Schere enthalten. Die Spitzen sollten abgerundet sein, damit es nicht zu Verletzungen kommt, wenn sich das Pferd plötzlich bewegt.

27

Inhalt einer Erste-Hilfe-Tasche

Dinge für die Erste-Hilfe-Leistung	Stall-Ausrüstung	Reise-Ausrüstung	Taschen-Ausrüstung
Desinfektionsmittel	ja	möglich	nein
getränkte Tupfer	ja	ja	ja
Waschlotion	ja	möglich	nein
Wundpuder/Salbe/Aerosol	ja	ja	nein
Insektenmittel	ja	nein	nein
Verbandsstoff: Mull	ja	ja	ja
Mellolin	ja	nein	nein
Granuflex	möglich	nein	nein
Verbandswatte	2 Packungen	2 Packungen	nein
Equimoll-Gewebe	ja	ja	nein
Binden: elastische	2 Stück	ja	möglich
selbsthaftende	ja	ja	möglich
Pflaster-	ja	nein	nein
röhrenförmige	möglich	nein	nein
Netz-			
Packungen: Kaolin	wählen Sie eine aus	nein	nein
kalte Umschläge: Tendoneze	wählen Sie einen aus	wählen Sie einen aus	nein
Bonner Verband			nein
Schere	ja	ja	ja
Thermometer	ja	nein	nein

Thermometer

In die Erste-Hilfe-Ausrüstung, die im Stall aufbewahrt wird, gehört auch ein Thermometer. Man mißt beim Pferd Temperatur, indem man das Thermometer ca. eine Minute lang im Rektum festhält. Wenn Sie nicht über eines der neuen, elektronischen Thermometer verfügen, erfordert das Ablesen einige Übung. Üben sie nicht erst, wenn es auf ein korrektes Ergebnis ankommt, nämlich dann, wenn Ihr Pferd krank ist. Die Normaltemperatur eines gesunden Pferdes beträgt etwa 38,5 °C.

Mögliche Zusammenstellung

Die Erste-Hilfe-Ausrüstung sollte wenigstens je einen Bestandteil aus den hier genannten Gruppen enthalten. Zum Verbinden sollten zumindest zwei elastische Binden und wahlweise eine selbsthaftende Binde oder ein Pflasterverband vorhanden sein. Bei der Transport-Ausrüstung kann man auf das Insektenmittel verzichten, ebenso auf das Thermometer und die Packungen (die ohnehin erwärmt werden müssen). Soweit möglich, sollte etwas zur Verfügung stehen, mit dem man einen verletzten Körperteil kühlen kann. So sollte man vor dem Aufbruch zu einem Turnier daran denken, eine Kühltasche vorzubereiten, in der die Erste-Hilfe-Ausrüstung transportiert wird. Die Erste-Hilfe-Tasche für den Ausritt kann sich auf folgende Punkte beschränken: 1 getränkter Tupfer, 1 nicht verklebender Wundverband, 1 elastische oder selbsthaftende Binde. Diese Ausrüstung wiegt insgesamt etwa 45 g und nimmt kaum mehr Platz ein als eine Binde. Dennoch reicht sie aus, um viele kleinere Probleme zu behandeln.
In den folgenden Kapiteln will ich jeden Teil des Pferdekörpers und seine in der Praxis auftauchenden Probleme behandeln. Soweit ich in diesem Zusammenhang Erste-Hilfe-Maßnahmen angebe, gehe ich davon aus, daß eine vollständige Erste-Hilfe-Ausrüstung vorhanden ist.

3

DIE HAUT

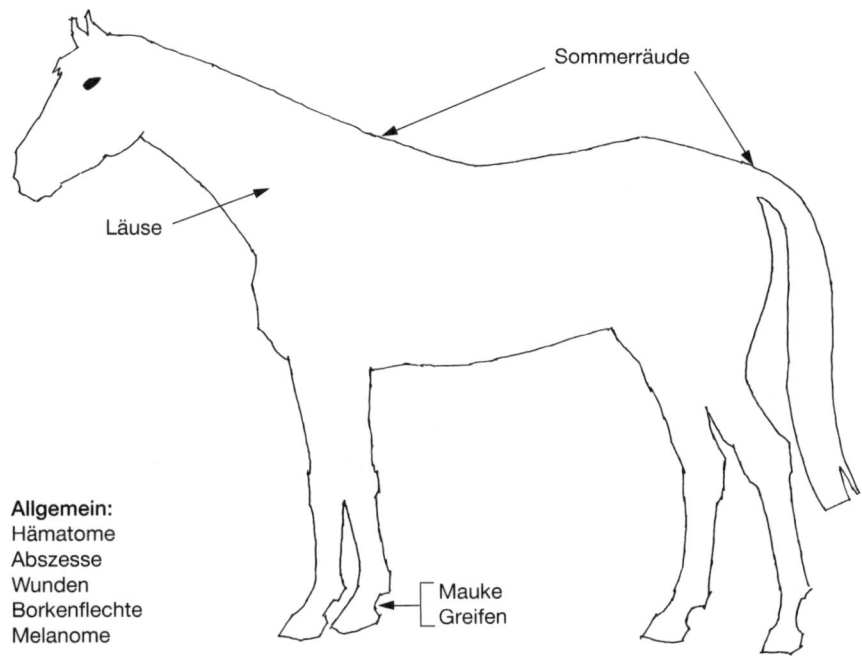

Sommerräude

Läuse

Allgemein:
Hämatome
Abszesse
Wunden
Borkenflechte
Melanome

Mauke
Greifen

Die Haut ist der wichtigste Schutz des Pferdes gegen Infektionen. Wird die Haut verletzt, haben Bakterien von außen Zugang zum gesamten Körper. Die Haut läßt keine Flüssigkeit durch; das heißt allerdings nicht, daß sie nicht durch dauerndes Einwirken von Feuchtigkeit aufgeweicht würde, ähnlich wie unsere Haut durch Geschirrspülen aufweicht. Mauke ist ein Beispiel für Infektionen, die durch das Aufweichen der Haut begünstigt werden.

Die Haut besteht nicht nur aus einer, sondern aus vielen Zellschichten. Die unteren Schichten werden aus lebenden Zellen gebildet, deren Zahl ständig zunimmt. Die oberen Schichten bestehen aus toten Zellen. Wenn Bakterien oder Parasiten die oberen Schichten durchdringen können, sind sie nicht nur vor der Außenwelt geschützt, sondern zusätzlich vor etlichen Medikamenten, die wir anwenden, um sie zu bekämpfen. Aus diesem Grunde muß bei Hauterkrankungen die Behandlung relativ lange fortgesetzt werden, auf jeden Fall über das Abklingen der oberflächlichen Symptome hinaus.

Pferde schwitzen über die Haut. Überall an der Hautoberfläche befinden sich Schweißdrüsen, aber im Bereich des Halses, der

Schultern und der Flanken sind sie reichlicher vorhanden. Schwitzen kühlt vor allem den Körper ab. Wenn ein Pferd gearbeitet hat, wird mehr Energie in Form von Wärme freigesetzt, als in Muskelbewegung umgesetzt wird. Diese Hitze muß abgeleitet werden, wenn sie an den inneren Körperstrukturen keinen Schaden anrichten soll. Durch die Verdunstung von Schweiß an der Hautoberfläche wird Hitze abgeleitet und der Körper gekühlt. Dabei sollte klar sein, daß die Schweißbildung an sich das Pferd noch nicht abkühlt, selbst wenn der Schweiß an ihm herunterläuft. Nur wenn die klimatischen Verhältnisse es zulassen, daß der Schweiß verdunstet, kommt es zur Abkühlung. Der Mensch greift in die Hautfunktionen des Pferdes ein, indem er im Winter einen großen Teil des Fells schert. Das geschorene Pferd gibt mehr Wärme ab als ein ungeschorenes und stellt daher höhere Energieanforderungen an sein Futter, außer es wird eingedeckt. Bei einem geschorenen Pferd läuft der Schweiß an den glatten Fellflächen schneller ab, und das Schwitzen hat weniger Wirkung. Ein geschorenes Pferd zieht sich auch leichter kleine Hautabschürfungen zu, da, wo der Haarschutz fehlt. Auch kann es beim Scheren selbst zu winzigen Schnitten in der Haut kommen, und wenn die Scherausrüstung nicht peinlich sauber gehalten wird, können sich diese Wunden leicht infizieren.

Abszesse

Ein Abszeß ist eine Eiteransammlung. Bei Hautabszessen befindet sich mehr Eiter unter der Haut als in den Hautschichten selbst. Es gibt einige charakteristische Erkennungszeichen für einen Abszeß, die ihn von anderen Hautschwellungen unterscheiden. Dies sind weitgehend die klassischen Anzeichen einer Entzündung.
So kommt es bei einem Abszeß zu einer Schwellung, die durch die Ansammlung von Eiter entsteht. Befindet sich der Abszeß über einem weichen Körperteil, z. B. einem Muskel, ist die Schwellung schlechter sichtbar, als z. B. über einem Knochen, an dem sich die gesamte Schwellung nach außen drückt.
Ein Abszeß fühlt sich warm an. Das liegt daran, daß eine entzündete Stelle wesentlich stärker mit Blut versorgt wird. Folglich entsteht Wärme einfach dadurch, daß die betroffene Haut stärker durchblutet ist.

Ein Abszeß ist schmerzhaft. Das liegt zum Teil daran, daß der Körper zur Bekämpfung der Infektion bestimmte Chemikalien freisetzt. Teilweise liegt es auch daran, daß der Abszeß unter der Haut Platz beansprucht, der vorher nicht da war. Der Abszeß verschafft sich buchstäblich Platz und verdrängt das vorhandene Gewebe.

Laut Definition enthält ein Abszeß eine Flüssigkeit, den Eiter. Dieser ist zusammengesetzt aus Gewebsflüssigkeit, toten und absterbenden weißen Blutkörperchen (vor allem den sog. Neutrophilen) und aus lebenden und abgestorbenen Bakterien. Ein Abszeß entsteht entweder durch Bakterien, die im Blutkreislauf zirkulieren und sich an einer bestimmten Stelle festsetzen und vermehren, oder durch Bakterien, die durch eine Wunde in die verletzte Haut Einlaß erlangen. Sobald die Bakterien anfangen sich zu vermehren, ziehen sie Neutrophile an. Die daraus resultierende entzündliche Reaktion setzt Flüssigkeit frei. Ich habe schon erwähnt, daß Eiter sich seinen Platz »erfressen« kann. Er neigt auch dazu, Löcher zu »fressen«, durch die der Eiter bis zur Hautoberfläche austreten kann. So fühlt sich ein Abszeß zu Anfang ganz hart an, wird dann weicher, wenn der Eiter sich ansammelt, der schließlich an einer Stelle durchbricht, an der die darüberliegende Haut dünner geworden ist. Der Eiter tritt nicht immer an der untersten Stelle des Abszesses aus und läuft daher auch nicht immer vollständig ab.

Maßnahmen

Es ist immer besser, wenn der Eiter abfließt; also muß alles getan werden, das den Durchbruch des Abszesses nach außen fördert. Warme Umschläge, (nicht heiß, sonst verbrüht man die Haut) kann man leicht machen, indem man in warmes Wasser getauchte Tücher an die betroffene Stelle hält oder die Haut damit umwickelt. Man glaubt nicht, wie stark dies die Schmerzen des Pferdes lindert, selbst wenn der Umschlag nur 10–15 Minuten an Ort und Stelle verbleibt. Der Tierarzt wird den Abszeß möglicherweise an einer geeigneten Stelle mit dem Skalpell öffnen, damit der Eiter abfließen kann.

Sobald sich der Abszeß geöffnet hat, **unterstützen warme Packungen das Abfließen des Eiters.** Man sollte daran denken, daß zu lange warme Anwendungen die Hautränder absterben lassen und damit die Heilung verzögern können.

Antibiotika unterstützen tatkräftig die eigenen Abwehrkräfte des Pferdes beim Kampf gegen die Bakterien. Das Aufbringen von Salben und Sprays in der Umgebung des Abszesses hat wenig Sinn. Die Antibiotika werden in den tieferen Schichten des Abszesses benötigt, aus denen der Eiter nicht so leicht abfließen kann. Zusätzlich zu Antibiotikainjektionen gibt es jetzt eine Reihe von Präparaten für Pferde auf dem Markt, die auf einer Trimethoprim-Mischung basieren und in Form von Pulver oder Pasten oral verabreicht werden.

Eiter enthält lebende und abgestorbene Bakterien. Folglich kann der aus einem Abszeß austretende Eiter andere Wunden infizieren.

Waschen Sie die Haut rund um den Abszeß regelmäßig, um sie sauber zu halten. Wenn große Mengen Eiter abfließen, schützen Sie die Haut unterhalb des Abszesses mit Vaseline, damit die Hautoberfläche nicht durch den Eiter zersetzt wird.

Alle Gegenstände, die mit dem Eiter in Berührung gekommen sind, müssen desinfiziert werden. Zusätzlich empfiehlt es sich, die verschmutzten Bereiche des Stalls zu desinfizieren.

Hämatome (Blutergüsse)

Da Hämatome ebenfalls Schwellungen unter der Haut verursachen, werden sie leicht mit Abszessen verwechselt. Hämatome weisen jedoch nicht die klassischen Anzeichen einer Entzündung auf. Sie fühlen sich weder warm an, noch sind sie schmerzhaft. Die Schwellung entsteht durch das Austreten von Blut aus einem verletzten Blutgefäß unter der Haut. Dieses Blut gerinnt nicht so leicht, und wenn man diese Flüssigkeit mit der Nadel herauszieht, sieht sie aus wie frisches Blut. Mit der Zeit setzen sich die Blutzellen vom Serum ab, und eine Probe ergibt dann eine strohfarbene Flüssigkeit mit roten Spuren.

Maßnahmen

Maßnahmen sind in diesem Zusammenhang nicht angebracht. Zieht man in den ersten Wochen nach Entstehung eines Blutergusses das Blut heraus, so sammelt es sich innerhalb von einigen Stunden neu. Mit der Zeit saugt das Körpergewebe die Flüssigkeit und die Blutzellen auf, und es bleibt nur eine geringe Menge fibrösen Gewebes zurück. Sehr selten wird hier chirurgisch drainiert.

Vermeiden Sie, daß sich am Hämatom durch Bakterien aus der Blutbahn eine Sekundärinfektion bildet, die dann einen Abszeß hervorruft.

So unterscheidet man einen Abszeß von einem Hämatom

Symptom	Abszeß	Hämatom
Schwellung	ja	ja
Mit Flüssigkeit gefüllt	ja	ja
Schmerz	ja	nein
Wärme	ja	nein
Muß geöffnet werden	JA	NEIN

Läuse

Läuse sind kleine Parasiten, die auf der Haut und in der Haut leben.

Obwohl man sie mit dem bloßen Auge erkennen kann, sehen wir sie oft nicht, weil sie im dichten Fell des Pferdes sitzen und ihre dunkle Farbe der Fellfarbe des Pferdes angepaßt ist. Was wir sehen, sind die Stellen, an denen sich das Pferd kahl gescheuert hat, als Reaktion auf das Beißen bzw. Blutsaugen der Läuse. Bekommt man den Zustand nicht unter Kontrolle, kann sich das Pferd große wunde Stellen scheuern. Am meisten betroffen ist dabei der Hals.

Läuse leben das ganze Jahr über auf dem Pferd. Dennoch bemerken wir ihr Vorhandensein meistens nur in den kalten Wintermonaten. Denn der dicke Winterpelz schützt sie, und bei kaltem Wetter sind sie aktiver. Läuse verbreiten sich. Läßt man Pferde zusammen in eine Weide oder einen Auslauf, übertragen sich die Parasiten von einem Pferd auf das andere.

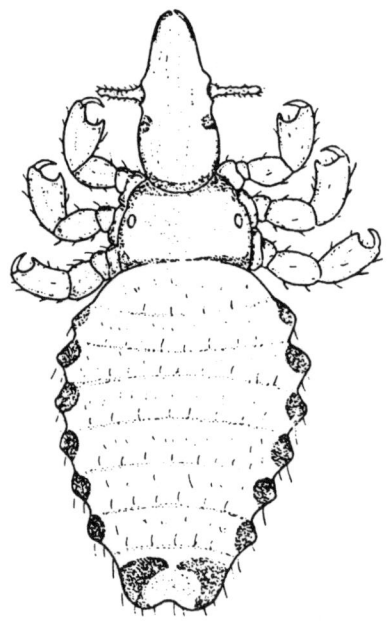

*Die Sauglaus
(Haematopinus asini)*

Maßnahmen

Das Pferd sollte gründlich mit einem Läusepulver behandelt werden.

Hauptwirkstoff dieser Präparate ist meistens die Chemikalie Benzolhexochlorid (BHC). Das Wurmmittel Ivermectin tötet gut ab, obwohl eine mehrfache Dosis des oral zu verabreichenden Medikaments nötig sein kann, um die nachkommenden Parasiten zu töten, die auf dem Pferd schlüpfen.

Das Lederzeug eines befallenen Pferdes ist mit Läusepulver einzureiben. Man läßt es eine Zeitlang einwirken. Der Parasit kann nicht lange ohne den Pferdekörper überleben; daher bilden Ställe oder andere Unterkünfte für andere Pferde kein Risiko.

Melanome

Ein Melanom ist ein Tumor, der gewöhnlich in den schwarzen Pigmentzellen der Haut entsteht. Der Tumor hat ein rundliches

knotenartiges Aussehen. Er ist hart und bei Berührung unempfindlich. Besonders häufig sieht man Melanome bei Schimmeln, doch
gibt es sie auch bei allen anderen Farben. Man nimmt an, daß 80%
der Schimmel zumindest ein Melanom haben. Am häufigsten findet
man sie unter dem Schweif.

Maßnahmen

Keine Maßnahmen erforderlich. Häufig sind die Tumore weder
bösartig, noch beeinträchtigen sie das Pferd.

Mauke

Mauke ist eine Infektion der Haut, die vorrangig die Haut unten an
den Beinen befällt. Sie kann sich aber auch an den Beinen nach
oben erstrecken oder den unteren Teil des Körpers befallen. Dabei
kommt es zu wunden Stellen, die nässen und eine Mischung aus
Eiter und Serum absondern, die sich zu einem Schorf verhärtet. Ist
die Haut hinten an den Fesseln im Bereich der Fesselbeuge betroffen, können Risse in der Haut entstehen, die bisweilen so aussehen,
als ob sie durch Greifen entstanden wären (vgl. Abb. 4, S. 31).
Zu Mauke kommt es häufiger an Haut mit weißem Fell, seltener an
pigmentreichem Haar. Man vermutet, daß pigmentlose Haut Infektionen weniger Widerstand leistet. Zur Infektionsbildung kommt es
auch eher an einer Haut, die durch Feuchtigkeit aufgeweicht ist, vor
allem durch schlammige Böden, woher auch der englische Name
der Erkrankung: »mud-fever« rührt. Schlamm greift die Haut an
und verursacht kleine Risse, in denen sich die Infektion einnisten
kann. Doch auch auf trockenen, staubigen Böden kommt es zu
derartigen Verletzungen und dieser Infektion, vor allem in Austra-
lien, wo sie unter dem Namen »Queenland itch« bekannt ist.
Das Bakterium, das dieses Krankheitsbild hervorruft, ist der Dermatophilus congolensis. Es handelt sich um ein sehr hartnäckiges
Bakterium, denn wenn es sich einmal bei einem Pferd eingenistet
hat, kann es über viele Monate überleben. Dabei kommen ihm die
Krusten zugute, die eine Schutzschicht über den lebenden Bakterien bilden und sie vor dem Austrocknen schützen.

Maßnahmen

Im Labor läßt sich Dermatophilus problemlos durch fast jedes Antiseptikum oder Antibiotikum vernichten. Mauke beim Pferd ist jedoch häufig resistent gegen jede Salbe. Verantwortlich für diesen Widerspruch ist die Schutzwirkung der Borken, die im Fell des Pferdes fest sitzen.

Die Behandlung beginnt damit, daß alle Haare an den befallenen Stellen abgeschoren werden. Falls erforderlich, muß das Pferd dabei sediert werden.

Anschließend sind die erkrankten Stellen vollständig von Borken freizuhalten. Dies ist am besten gewährleistet, wenn man sie jeden dritten Tag mit einem antiseptischen Shampoo abwäscht und jede Kruste einzeln absammelt, solange das Shampoo noch einwirkt. Die Haut ist anschließend gründlich zu trocknen, um zu verhindern, daß sie weiter aufweicht und eine feuchte Umgebung entsteht, in der die Bakterien wachsen können. Wunde Hautstellen sind in dem Zusammenhang weniger schlimm als Krusten. Bleibt auch nur eine einzige Kruste übrig, überleben Tausende von geschützten Bakterien. Wenigstens 1 x täglich sind an den Shampoo-freien Tagen die neugebildeten Krusten zu entfernen.

Am Anfang bilden sich viele Krusten, aber sobald die Infektion unter Kontrolle ist, sind deutlich weniger Krusten zu entfernen.

Schließlich sollte zweimal täglich eine antibiotikahaltige Salbe auf die betroffenen Stellen aufgetragen werden.

Zur Vorsorge sind verdächtige Stellen sorgfältig zu trocknen, wenn man vom Ausritt zurückkommt.

Manchmal hilft hier eine wasserdichte Schicht auf der Haut an der Fesselbeuge und all jenen Stellen, die in der Vergangenheit befallen waren. Dazu kann man eine Schutzcreme aus der Humanmedizin verwenden; auch Melkfett ist geeignet. Wenn nichts anderes zur Verfügung ist, kann man auch Vaseline nehmen. Ich nenne Vaseline bewußt an letzter Stelle, denn sie bildet zwar einen guten Feuchtigkeitsschutz, gewährt aber auch jeder Infektion Schutz, der es gelingt, darunter zu gelangen, und Vaseline ist in solchen Fällen schwer zu entfernen.

Ödeme

Strenggenommen handelt es sich bei Ödemen nicht um eine Erkrankung der Haut, aber die Haut ist betroffen und mit ihr das darunterliegende Gewebe. Als Ödem bezeichnet man eine Schwellung, die durch eine Flüssigkeitsansammlung im Gewebe zwischen den Hautschichten und unter der Haut entsteht. Diese Schwellung ist warm oder kalt anzufühlen, je nach ihrer Ursache. Kommt es am Körper zu Ödemen, bilden sich erhabene Stellen; treten sie an den Beinen auf, kommt es zu örtlich begrenzten Schwellungen. Diese Flüssigkeitsansammlungen können eine ganze Reihe von Ursachen haben. Diese sind jeweils bei den einzelnen Krankheitsbildern angeführt; allen gemeinsam ist, daß sie durch das Austreten von Flüssigkeit aus den Venen entstehen, die die betroffene Umgebung versorgen.

Schwellungen bei Ödemen unterscheiden sich von anderen Schwellungen dadurch, daß sich bei Druck Vertiefungen bilden. In anderen Worten, wenn Sie einen Finger in die Schwellung hineindrükken und ihn dann wegnehmen, bleibt an dieser Stelle eine Vertiefung zurück.

Maßnahmen

Erste Hilfe bei Ödemen besteht in Kälteanwendungen. Dabei drosselt man die Blutversorgung in diesem Bereich und verringert so das Austreten von Gewebsflüssigkeit aus der Blutversorgung. Befinden sich die Ödeme unten an den Beinen, kann man mit Bandagieren einem weiteren Anschwellen entgegenwirken. Es ist wichtig, daß die Bandage über den unteren und oberen Rand der Schwellung hinausreicht, denn sonst gräbt sich die Bandage in die ödematöse Haut ein und verursacht zusätzliche Probleme. Durch das Verabreichen von Diuretika kann man die Entstehung von Ödemen verhindern oder begrenzen. Diuretika sind Medikamente, die die Urinbildung anregen. Dabei sucht sich der Körper des Pferdes zusätzliche Flüssigkeit, um den durch den Urin entstandenen Flüssigkeitsverlust auszugleichen, und entzieht den Ödemen Flüssigkeit. Ein Diuretikum, das häufig mit Erfolg eingesetzt wird, ist ein Medikament namens Furosemid. Auch Kaliumnitrat wird gelegentlich als mildes Mittel im Stall eingesetzt.

So unterscheidet man eine Greifverletzung von Mauke

Symptom	Greifverletzung	Mauke
tritt am Vorderbein auf	ja	ja
tritt am Hinterbein auf	nein	ja
tritt plötzlich auf	ja	nein
frische Blutung zu Anfang	ja	nein
Schwellung im Fesselbereich	ja	ja
Krustenbildung	rotes Blut in der Borke	gelblich verkrustete Borke

Greifen

Eine Greifverletzung ist eine Wunde an den Ballen der Vorderbeine, die dadurch entsteht, daß das Pferd sich mit einem der Hinterbeine greift. Folglich gibt es keine Greifverletzungen an den Hinterbeinen. Befindet sich dort eine ähnliche Verletzung, ist Mauke eine der möglichen Ursachen.

Die Art ihrer Entstehung führt immer zu einer Quetschung im Wundbereich und einer Verschmutzung der Wunde von Anfang an. Die Folge ist, daß Greifverletzungen schlecht heilen.

Maßnahmen

Als erstes wird eine Greifverletzung gereinigt. Ist diese stark verschmutzt, sollte einige Stunden lang eine Animalintex-Packung aufgelegt werden. Läßt man sie jedoch zu lange sitzen, weichen die Hautränder der Wunde auf und sterben ab. Ein Wundverband mit Antibiotika sollte anschließend angelegt werden, und danach sollte die Wunde mit einem Schutzverband abgedeckt werden.

Soll das Pferd in leichten Fällen ohne Verband weiter gearbeitet werden, ist direkt vor der Arbeit eine Schutzcreme aufzutragen. Nach der Arbeit muß die Wunde gereinigt und abgetrocknet werden. Sobald es im Fesselbereich zu einer Schwellung kommt, sollten Sie den Tierarzt zu Rate ziehen, damit umgehend mit einer Antibiotikabehandlung begonnen werden kann. Bei großen, frischen Verletzungen ist ebenfalls der Tierarzt zu rufen, da sie möglicherweise genäht werden müssen.

Borkenflechte

Trotz ihres englischen Namens »Ringworm«, hat diese Hauterkrankung nichts mit Würmern zu tun und auch nicht unbedingt ein ringförmiges Erscheinungsbild. Es handelt sich um eine Pilzinfektion in Haut und Fell. Dabei bilden sich kleine, haarlose Stellen mit borkiger Haut, die rund sind oder auch eine andere Form aufweisen können. Diese Stellen sind nicht entzündet und scheinen dem Pferd auch nicht unangenehm zu sein. Zu dem Haarausfall kommt es, weil das geschwächte Haar bricht, nicht etwa durch Scheuern.
Borkenflechte kann an allen Stellen des Pferdekörpers auftreten; am häufigsten sieht man sie an Stellen, die Lederzeug ausgesetzt sind. Das kommt daher, daß Pilzsporen auf kleine Risse in der Haut angewiesen sind, um sich einnisten zu können. Borkenflechte überträgt sich leicht auf andere Pferde, vor allem durch Lederzeug! Aufgrund der langen Inkubationszeit – oft vergehen 2–3 Monate zwischen dem Eintreffen der Sporen auf der Haut und den ersten sichtbaren Hautstellen – kann ein Pferd andere Pferde bereits anstecken, bevor der Pferdehalter diese Krankheit überhaupt bemerkt.

Maßnahmen

Infizierte Pferde sind von anderen Pferden zu trennen. Sie sollten mit einer antibiotikahaltigen Waschlösung behandelt werden (und nicht mit einer fertigen medizinischen Borkenflechtesalbe, die den Pilzbefall in erster Linie zudeckt, aber nicht beseitigt). Alle Gegenstände, mit denen das Pferd in den vergangenen Monaten in Berührung gekommen ist, sind entweder mit dem gleichen antibiotischen Shampoo zu waschen oder mit einer starken Desinfektionslösung, die gegen Borkenflechte wirkt.

Auch der Stall muß desinfiziert werden, vor allem alle rauhen Flächen, wie Holz.

Ein Antibiotikum namens Griseofulvin sollte 7 Tage lang über das Futter gegeben werden.

Glauben Sie nicht den »Ammenmärchen«, daß Borkenflechte durch Sonneneinwirkung oder Weidegang wieder verschwindet. Jede Art der Behandlung schlägt nach einem so langen Zeitraum an. Nur wird sich der Pilz in diesen Monaten auf viele Pferde übertragen haben.

Es empfiehlt sich, Borkenflechte immer mit aller Gründlichkeit zu behandeln, denn diese Erkrankung kann sich auch auf den Menschen übertragen.

Sommerräude

Sommerräude ist ein Reizzustand der Haut, der durch eine Überempfindlichkeit gegenüber den Stichen kleiner Stechmücken entsteht. Dieser Reizzustand ist meistens auf den Mähnenbereich und die Schweifwurzel beschränkt. Er ist so stark, daß das Pferd Mähne und Schweif an den betroffenen Stellen vollständig abscheuert, so daß die darunterliegende Haut oft wund wird und näßt. Mit der Zeit verdickt sich die Haut stark. Die Stechmücken sind nur in den Sommermonaten aktiv, und das Krankheitsbild verschwindet im Winter wieder. Ist es einmal bei einem Pferd zu dieser Überempfindlichkeit gekommen, wird es sie immer behalten und in jedem Sommer erneut an Sommerräude leiden.

Maßnahmen

Das Pferd ist vor den Stichen der Stechmücken zu schützen. Da diese Insekten in den ersten Morgenstunden und des Abends am aktivsten sind, sollte man das Pferd um diese Zeit nicht nach draußen lassen. Vielfach wird der Fehler begangen, an Sommerräude erkrankte Pferde während der Tageshitze im Stall zu lassen und sie dann herauszubringen, wenn die Stechmücken am meisten stechen. Das Pferd sollte nur für etwa 5–6 Stunden um die Mittagszeit herausgelassen werden. Den Rest der Zeit sollte es im Stall zubringen, möglichst bei offenen Türen und Fenstern, die mit Moskitonetzen verhangen sind. Insektenmittel tragen dazu bei, die Stechmücken fernzuhalten; es kann sich jedoch als nötig erweisen, das Mittel jeden Tag anzuwenden, und nicht einmal pro Woche, wie manchmal von den Produzenten angegeben wird. Auch Fliegenstreifen oder Sprays sind im Stall einzusetzen.

Benzylbenzoat-Lotion lindert die wunden Stellen und ist stechmückenabweisend. Kortikosteroid-Injektionen mit Langzeitwirkung vermindern die Empfindlichkeit des Pferdes und damit den Schweregrad der Symptome. Leider hält die Wirkung nur etwa 10–14 Tage an.

Warzen

Man muß zwischen den kleinen Warzen unterscheiden, die rund um das Gesicht des Pferdes, vor allem bei jungen Pferden, auftreten und den viel größeren warzenähnlichen Tumoren, die sich überall am Körper bilden können. Diese Tumore bezeichnet man als Sarkoide. Oft sieht man sie auf der Haut an den Innenseiten der Beine, an den Stellen, die man als »Beingruben« bezeichnen könnte. Sie können sehr groß werden, und da sie häufig an ungünstigen Stellen auftreten, werden sie aufgescheuert und heilen dann schlecht. Die offene, nässende Masse infiziert sich leicht und entzündet sich dann.

Maßnahmen

Die kleinen Warzen werden nicht behandelt, selbst wenn sie sehr zahlreich auftreten und scheinbar von einem jungen Pferd auf das nächste übertragen werden. Fast immer verschwinden sie mit der Zeit von selbst.

Sarkoide verschwinden nicht von selbst und werden mit der Zeit größer und zahlreicher. Verfügt das Sarkoid über einen deutlich erkennbaren Hals, kann man den größeren Teil des Sarkoids durch einen stramm darum gebundenen Faden zum Absterben und Abfallen bringen. Bei kleinen flachen Sarkoiden hat man manchmal mit einem Warzenmittel aus der Humanmedizin Erfolg. Etwa 50% der Sarkoide bilden sich nach einer chirurgischen Entfernung neu. Strahlentherapie, Kryochirurgie (Erfrieren) sowie Injektionen mit BCG-Impfstoff stellen erfolgversprechende Behandlungsmöglichkeiten dar.

Wunden

Es ist unmöglich, in einem Buch dieses Umfangs alle Wundarten zu behandeln, die es gibt. Jeder, der über längere Zeit Pferde gehabt hat, weiß, wie viele Verletzungsmöglichkeiten es bei Pferden gibt.

Maßnahmen

Es ist sofort zu entscheiden, ob die Wunde genäht werden muß. Ganz allgemein gilt, daß jede Wunde, die länger als 3 cm ist, genäht werden sollte, wenn sie auseinanderklafft. Wunden am Körper heilen besser als an den Beinen, und je tiefer unten an den Beinen sie sich befinden, desto schlechter heilen sie bei der ersten Spontalheilung ganz ab. Selbst wenn eine Naht an einer Wunde nicht hält (etwa der 8. Tag ist der Zeitpunkt, an dem sie aufgeht, wenn überhaupt), haben die Nähte doch die tieferen Gewebsschichten zusammengehalten und verhindert, daß neue Infektionen sich durch die Wunde Eintritt verschaffen.
Reinigen Sie die Wunde so gut wie möglich, erwarten Sie aber nicht, daß die Blutung aufhört, wenn sie die Wunde immer wieder waschen. Fortgesetztes Waschen spült das geronnene Blut sofort wieder ab.
Hört die Wunde nicht auf zu bluten, sollte fester Druck angewendet werden. Dies gilt ebenso für Wunden, die nur leicht bluten, wie dann, wenn das Blut heraussprudelt; nur die Intensität des Drucks und die Größe des Verbandes sind unterschiedlich. Verwenden Sie möglichst nichthaftendes Verbandsmaterial direkt auf der Wunde, damit die Kruste beim Wechseln des Verbandes nicht abgerissen wird. Wunden sind so lange abzudecken, bis sie nicht mehr nässen und sich trocken anfühlen, damit sie ohne Schutz nicht einer Sekundärinfektion ausgesetzt sind.

Eigentlich sollte es nicht notwendig sein, eine Tetanus-Antitoxin-Spritze zu geben, denn alle Pferde sollten eigentlich durch regelmäßige Impfmaßnahmen geschützt sein. Wenn Sie über den Impfstatus des Pferdes nicht informiert sind, weil es vielleicht noch nicht lange in Ihrem Bestand ist, sollte Tetanus-Antitoxin gegeben werden.

Pferde neigen dazu, während des Wundheilungsvorgangs wildes Fleisch zu bilden. Dabei füllt sich die Wunde mit einem rosafarbigen fibrösen Gewebe, das so lange wächst, bis es die umgebende Haut überragt. Die oberen Hautschichten wachsen nicht »bergauf« und überziehen daher nicht den Klumpen wilden Fleisches, der zu einem dauernden Makel werden kann. Sobald es zur Bildung von wildem Fleisch kommt, sollte man den Tierarzt zu Rate ziehen, damit es mit ätzenden Mitteln »zurückgebrannt« werden kann. Hierzu verwendet man gewöhnlich Kupfersulphat-Puder oder -Creme; in hartnäckigen Fällen muß das wilde Fleisch entfernt werden.

DIE ATEMWEGE

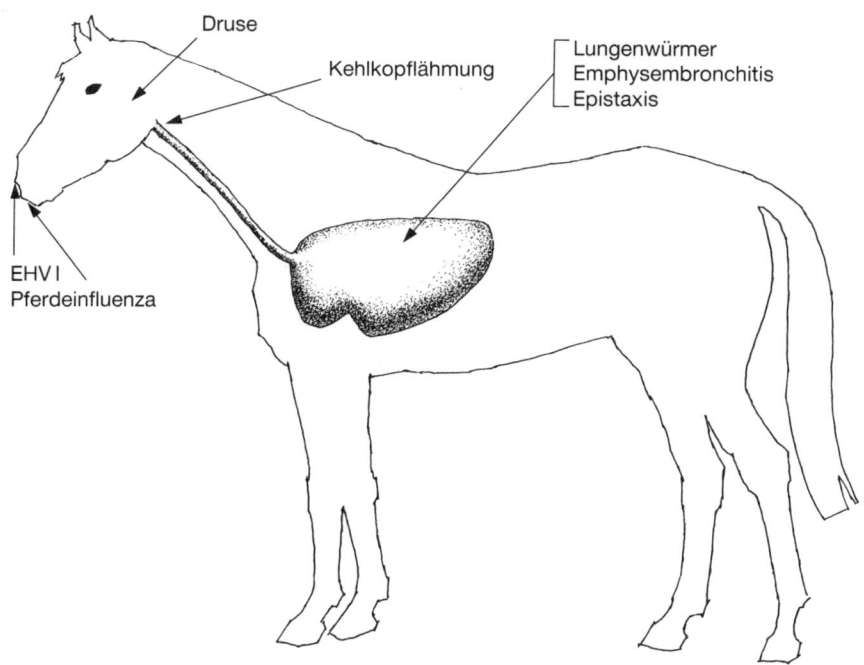

Druse
Kehlkopflähmung
Lungenwürmer
Emphysembronchitis
Epistaxis
EHV I
Pferdeinfluenza

Die Lebensvorgänge in jeder einzelnen Zelle der Säugetiere, und damit auch des Pferdes, hängen von der Versorgung mit Sauerstoff ab. Er wird aus der Luft in die Lunge eingesaugt und steht in engem Kontakt mit dem Blutkreislauf, von dem er nur durch die Stärke einer Zellwand getrennt ist. Die roten Blutkörperchen nehmen Sauerstoff auf und geben Kohlendioxyd an die Luft ab, die aus dem Körper ausgestoßen wird. Daraus wird ersichtlich, daß die Luft erhebliche Strecken zurücklegt, bevor sie in die Lunge und den Blutkreislauf gelangt. Alles, was den Luftstrom einschränkt, verringert die Sauerstoffmenge, die dem Blut zur Verfügung steht. So hängt die sportliche Leistung eines Pferdes von den Atemwegen ab. Ein Pferd kann über das beste Herz-Kreislaufsystem verfügen und das beste Futter erhalten, ist aber in seiner Leistungsfähigkeit beeinträchtigt, sobald aus irgendeinem Grund die Sauerstoffzufuhr herabgesetzt ist.

Die Nüstern des Pferdes verändern sich, je nach der Luftmenge, die das Pferd benötigt. Ein galoppierendes Pferd hat weit offene Nüstern. Weit geöffnete Nüstern bei einem Pferd, das sich nicht schnell bewegt, weisen auf eine Behinderung des Luftstroms weiter unten hin, die der Körper auszugleichen versucht. Als nächstes streicht die Luft an den Muschelbeinen im Kopf vorbei, die zur Erwärmung der Luft beitragen, bevor sie zum empfindlichen Lungengewebe gelangt. Der Bereich um die Kehle ist wohl die kritischste Stelle der oberen Luftwege. Die Luft gelangt dort in den Rachenraum, am Ende des Mauls. Hier muß sie durch die Stimmbänder hindurch zum Kehlkopf gelangen. Die Lage des Kehlkopfes hängt wiederum vom weichen Gaumen ab, der ihn unterstützt und verhindert, daß Nahrung zum Kehlkopf gelangt, anstatt in die Speiseröhre. Bei einem Pferd in Ruhe hängen die Stimmbänder über dem Kehlkopf und verschließen die Luftwege teilweise, jedoch nicht ganz. Mit zunehmender Bewegung öffnet sich dieser »Vorhang« und läßt mehr Luft durch.

Die Luftröhre ist eine lange, gerade Röhre, die vom Kehlkopf den Hals herunter bis zur Lunge reicht. Bei einem stehenden Pferd bedeutet dies, daß sich der Winkel als ungünstig erweist, wenn Flüssigkeit aus der Lunge entfernt werden muß. Frißt das Pferd mit dem Kopf am Boden, kann Schleim durch die Schwerkraft abfließen. Im übrigen ist das Pferd auf die Aktivität von Millionen feinster Flimmerhaare angewiesen, die sog. Zilien, die die Wände der Luftröhre bedecken und wellenförmige Bewegungen ausführen, um Schleim die Luftröhre hinauf zu befördern.

Unmittelbar von der Lunge teilen sich die Luftwege zunächst in zwei Bronchialäste, die jeweils zu einem Lungenflügel führen, dann teilen sich die Bronchien zu kleineren Bronchiolen, und schließlich münden die Bronchiolen in die Alveolen, oder Luftbläschen, in denen der Austausch von Sauerstoff und Kohlendioxyd stattfindet. Dieses System muß ständig feucht sein, um einer Austrocknung durch die Passage solcher Luftmengen entgegenzuwirken. Daher sondern Zellen, die die Alveolen bedecken, Schleim ab. Beim gesun-

Diagnose beim hustenden Pferd

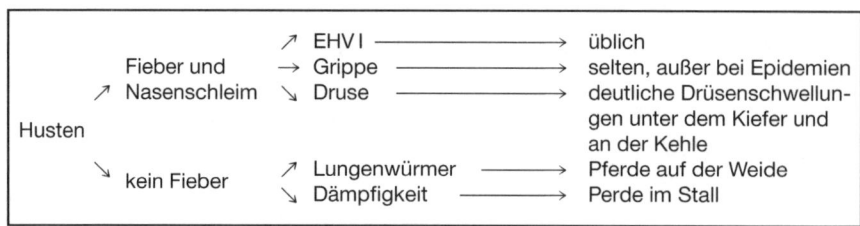

den Pferd ist die Schleimmenge so gering, daß sie sich nie ansammelt und von den Zilien nur sehr wenig entfernt werden muß. Untersucht man die Atemwege eines gesunden Pferdes mit einem flexiblen Endoskop, so ist nur wenig Schleim in der Luftröhre zu erkennen – und auch kein Nasenschleim vorhanden. Entzündet sich das Lungengewebe aus irgendeinem Grunde, passiert zweierlei: Die Menge des produzierten Schleims nimmt zu, und die Wände der Alveolaren verdicken sich.

Emphysembronchitis (COPD) (Dämpfigkeit)

Emphysembronchitis ist eine neue Bezeichnung für ein altes Problem, das man unter der Bezeichnung Dämpfigkeit kennt. Der Name nennt die Ursache dieser Atemwegserkrankung beim Pferd, nämlich die Tatsache, daß die kleinen Luftwege in der Lunge chronisch verengt sind. Diese chronische Obstruktion ist zum Teil darauf zurückzuführen, daß die Luftwege bzw. Bronchiolen durch Muskelverkrampfung verengt sind. Dies bezeichnet man als Bronchialverengung. Sie wird zusätzlich verursacht durch Ansammlungen zähen Schleims, der die Luftwege blockiert. Dieser Schleim wird von den entzündeten Wänden der Luftbläschen, oder Alveolen, abgesondert.

COPD entsteht durch eine überempfindliche Reaktion auf Pilzsporen im Heu und im Stroh, die eingeatmet werden. So ist es nicht in erster Linie Staub, der dieses Krankheitsbild auslöst, sondern es sind fast immer Sporen. Dies ist von Bedeutung, wenn man vorbeugende Maßnahmen ergreifen will; denn ein Pferd, das auf Sägemehl steht, ist zwar Staub ausgesetzt, aber nicht COPD-gefährdet, außer es ist zusätzlich Pilzsporen im Heu ausgesetzt. Man sollte bedenken, daß die meisten Staubpartikelchen, die mit dem bloßen Auge sichtbar sind, zu groß sind, um direkt in die Lunge zu gelangen. Sie werden weiter oben im Atemtrakt ausgefiltert. COPD ist eine chronische Erkrankung. Wenn ein Pferd einmal eine derartige Überempfindlichkeit entwickelt hat, bleibt sie bestehen. Bei vorsichtiger Haltung kann dieses Pferd lange Jahre symptomfrei bleiben. Sobald die Lunge aber wieder mit Sporen in Berührung kommt, reagiert sie, und eine Bronchialverengung ist die Folge. Dieser Zustand verschlechtert sich zunehmend. Je länger das Pferd Pilzsporen ausgesetzt und je größer die Sporenmenge ist, desto mehr Alveolen verengen sich. Je länger die Aufstallperiode dauert, desto stärker werden die Symptome.

Ein erstes Zeichen von COPD ist oftmals Nasenschleim, der sich beim Füttern oder früh am Morgen am deutlichsten zeigt. Viele Pferdehalter messen diesem Dauersymptom keine Bedeutung bei und halten dies bei dem jeweiligen Pferd für normal.

Mit zunehmend verengten Bronchiolen läßt die sportliche Leistungsfähigkeit des Pferdes nach. Dies wird häufig gar nicht bemerkt, wenn das Pferd nur ab und zu voll beansprucht wird. Der Pferdehalter wird schließlich aufmerksam, wenn das Pferd hustet, vor allem dann, wenn Mensch oder Pferd sich im Stall bewegen und die Einstreu dabei aufgewühlt wird. Der Husten reflektiert den Versuch des Pferdes, den dicken Schleim loszuwerden, der die Atemwege verstopft. Schreitet die Krankheit fort, wird die Atmung des Pferdes wirklich beeinträchtigt. Die Zahl der Atemzüge in Ruhe erhöht sich von 8–12 pro Minute auf 20 oder mehr. Die Art zu atmen verändert sich ebenfalls. Im Normalfall erfolgt das Einatmen durch Muskelanspannung und das Ausatmen durch die Reflexentspannung der beteiligten Muskulatur. Bei COPD reicht diese Entspannung nicht aus, um den Widerstand der schleimverstopften Luftwege zu überwinden. Das Pferd muß eine zusätzliche Muskelanspannung zu Ende des Ausatmens erbringen, um die Lunge zu entleeren. Die hierbei benutzten Muskel entwickeln sich besonders stark.

Man kann die unteren Ränder dieser Muskel in Form einer schrägen Rinne am Bauch des Pferdes erkennen. Dies ist die sogenannte Dampfrinne.

Maßnahmen

Die meisten Pferde erholen sich, wenn sie Tag und Nacht auf der Weide sind. Ist dies nicht möglich, sollte das Pferd so kurz wie möglich im Stall sein, wobei unbedingt auf saubere Luft zu achten ist. Das Pferd darf nicht mit Stroh eingestreut werden. Hobelspäne, zerkleinertes Papier oder Torf können verwendet werden. Die Einstreu ist sauber und trocken zu halten. Wird sie feucht und warm, wie z. B. in einem Tiefstall, finden sich bald Pilzsporen ein. Als erstes sollte der Stall staubfrei sein, außerdem darf sich die Luft nicht mit der Luft aus benachbarten Stroh-gestreuten Boxen vermengen können.

Es ist ständig für eine gute Luftzirkulation zu sorgen.

Auch sollte man darauf achten, daß der Stall nicht in der Windrichtung von Gefahrenquellen, wie einem Misthaufen oder einem Strohstapel liegt.

Plan für die Frischluftversorgung
1. Entfernen aller Einstreu aus dem Stall.
2. Absaugen des Staubs, auch von Decken und Wänden.
3. Vermeidung jeglichen Luftaustausches mit benachbarten Boxen.
4. Überprüfung, ob Belüftung auf ist und funktioniert.
5. Verwendung von Hobelspänen, Torf oder zerkleinertem Papier als Einstreu.
6. Saubere und trockene Einstreu.

Im Idealfall sollte kein Heu gefüttert werden. Dies ist möglich, wenn man ein entsprechendes Alleinfertigfutter verwendet. Nachteilig dabei ist, daß die Freßzeiten verkürzt werden. Dabei können Probleme auftauchen, die durch Langeweile entstehen. Vakuumverpacktes, geschnittenes Gras ist ein guter Heuersatz und weist sogar einen höheren Nährwert auf als das meiste gute Heu. Bei der Lagerung ist darauf zu achten, daß die Plastikumhüllung der einzelnen Ballen nicht beschädigt wird. Ist ein Ballen einmal angebrochen, muß er schnell verbraucht werden, denn es stellen sich schnell Fungi aus der Luft ein und verunreinigen das Futter. Eine weitere Alternative zum Heu bildet Silage. Großballensilage sollte vermieden werden, wegen der Gefahr einer Botulismusintoxikation.

Viele Leute verlassen sich darauf, Heu in Wasser einzutauchen, um diese Gefahr auszuschalten. Wird dabei nicht ständig fließendes Wasser verwendet, werden nur wenige Pilzsporen wirklich entfernt. Das einzige Ergebnis ist, daß ein Großteil der Sporen an den nassen Heuhalmen haftet. Diese trocknen aber an den Außenseiten im Heunetz schnell (dies ist der Teil, den das Pferd beim Fressen erreicht), und die Wirkung ist nur von kurzer Dauer. Es gibt Spezialgeräte, die die Sporen vom Heu buchstäblich absaugen. Man kann den Heuanteil des Futters aber auch reduzieren, indem man über das ganze Jahr im Hydrometer gewachsenes Gras verfüttert. Erstaunlicherweise ist nur wenigen Pferdehaltern bekannt, daß man Heu auf Pilzbefall untersuchen lassen kann. Heu, das nur minimal oder gar nicht mit Sporen verunreinigt ist, kann bedenkenlos gekauft werden.

Es gibt Medikamente, die bei der Behandlung von COPD helfen. So hat sich Clenbuterol, das über das Futter gegeben wird, bei der Lösung von Bronchialspasmen und zur Wiederherstellung des Ausgangszustands als wirksam erwiesen, vorausgesetzt, die Reinhaltung der Luft ist gewährleistet. Sobald das Pferd frei von Symptomen ist, kann Natriumchromoglycikum über einen Zerstäuber eingesetzt werden, um zu verhindern, daß Histamin und andere Substanzen, die den Prozeß auslösen, in der Lunge freigesetzt werden. Hierbei kann Heu und Stroh rationiert verfüttert werden, ohne daß es zu weiteren Problemen kommt.

Herpes Virus der Pferde (Typ I)

Das Herpes Virus der Pferde (Typ I) ist vor allem ein Virus der Atemwege, obwohl es Stuten verfohlen läßt sowie Lähmungen hervorrufen kann. Diese Infektion tritt sehr häufig auf, man kann sie als den gewöhnlichen Husten der Pferde bezeichnen. Hält das Virus in einem Stall Einzug, kommt es zu einer Vielzahl von Reaktionen, je nach dem Immunitätsgrad der einzelnen Pferde. Einige Pferde zeigen keinerlei Symptome, während andere recht krank sind. Es ist für EHVI charakteristisch, daß einige Pferde zu latenten Überträgern des Virus werden. Sie haben wiederholt Schübe, ohne eine Immunität zu entwickeln. Nach einer natürlichen Infektion mit EHVI hält die Immunität meist nur etwa 6 Monate an.

Erstes Anzeichen einer EHVI-Infektion ist das Ansteigen der Temperatur. Da es dazu aber oft kommt, bevor das Pferd überhaupt einen kranken Eindruck macht, merkt der Pferdehalter oft gar nicht, daß sein Pferd Fieber hat. Daher ist es zweckmäßiger, bei den Pferden Temperatur zu messen, die mit erkrankten Pferden Kontakt haben, als bei Pferden, die schon offensichtlich krank sind. Zunächst kommt es zur Bildung eines klaren Nasenschleims, der dann aber dick und schmierig werden kann. Hinzu kommt Husten, der einige Wochen lang unterschiedlich stark anhält. Dabei können die Lymphknoten an der Kehle und unter dem Unterkiefer leicht angeschwollen sein. Einige Pferde scheinen sich dabei erstaunlich gut zu fühlen, doch die Mehrzahl ist beeinträchtigt, zumindest einige Tage lang.

Bei Pferden, die extrem beansprucht werden, wie z. B. Rennpferden im Training, kann es zu einem Leistungsabfall kommen, der mehrere Monate anhalten kann. Oft wird voreilig EHVI diagnostiziert, wenn eine infektiöse Erkältung vorhanden ist. Man kann jedoch bereits zu diesem Zeitpunkt eine exakte Diagnose stellen. Ein Nasenabstrich des Pferdes ermöglicht die Kultur und Identifizierung des verantwortlichen Virus. Leider ist dies zur Zeit des Temperaturanstiegs besonders günstig, der aber – wie ich bereits erwähnte – häufig nicht bemerkt wird. Andererseits ist eine Blutprobe, die 10–14 Tage nach Beginn der Infektion genommen wird, mit einer Blutprobe zu Anfang der Erkrankung vergleichbar, wenn es darum geht, herauszufinden, welches Virus einen deutlichen Immunitätsanstieg stimuliert hat.

Maßnahmen

Bei einer Infektion der Atemwege ist es immer angebracht, regelmäßig für die Reinerhaltung der Luft zu sorgen. Es gibt kein Medikament, das das verantwortliche Virus selbst bekämpft. Das bedeutet jedoch nicht, daß keine Behandlung erforderlich wäre. Neuere Untersuchungen haben erbracht, daß ein Großteil der Lungenblutungen, die bei der Arbeit auftreten, vermeidbare Nachwirkungen früherer Virus-Infektionen der Atemwege sind. Antibiotika haben nur Sinn bei der Behandlung möglicher Sekundärinfektionen, die sich in der Lunge angesiedelt haben könnten. Schleimlösende Mittel, wie Sputolysin, reduzieren die Viskosität des Schleims, der sich in der Lunge bildet, und helfen dem Pferd, diesen loszuwerden. Clenbuterol verhindert obendrein eine Ansammlung von Schleim, indem es die Atemwege freihält. Man sollte übrigens nicht versuchen, den Husten zu unterbinden, nur um das deutlichste Symptom zu beseitigen. Das Pferd muß husten können, um einen Großteil des Schleims aus der Lunge loszuwerden.

Obwohl eine räumliche Trennung und Hygienemaßnahmen, wie die Desinfektion der Ausrüstungsgegenstände, die Verbreitung von EHVI verhüten helfen, ist der Effekt oft so, als ob man die Stalltür schließen würde, nachdem das Pferd davongelaufen ist; außer man isoliert grundsätzlich alle Pferde, die mit »fremden« Pferden in Kontakt gewesen sein könnten und die Infektion in den Bestand bringen könnten. Es gibt zur Zeit keine verläßlichen Vakzinen gegen die durch EHVI hervorgerufenen Atemwegserkrankungen, doch es gibt Ansätze, diese Krankheit zu verhüten.

Belastungsbedingte Lungenblutungen: EIPH (Exercise Induced Pulmonary Haemorrhage)

Blutungen in der Lunge, die unter Belastung entstehen, nannte man früher Epistaxis (Nasenbluten). Die Namensänderung ist von Bedeutung. EIPH weist darauf hin, daß die Blutung aus der Lunge kommt und daß sie durch Belastung ausgelöst wird. Epistaxis hingegen heißt schlicht und einfach Nasenbluten, und obwohl das Blut aus der Nase austreten kann, ist dies nicht unbedingt der Fall. Tatsächlich tritt nur bei etwa 10% der Pferde mit Lungenblutungen nach Beanspruchung überhaupt Blut aus den Nüstern aus. Folglich kommt es viel häufiger zu diesem Zustand, als der Pferdehalter es weiß bzw. erkennen kann. Erst seitdem fiberoptische Endoskope zur Verfügung stehen, mit denen man über den Kehlkopf hinaus, längs der Luftröhre, untersuchen kann, ist der tatsächliche Entstehungsort dieser Blutungen entdeckt worden. Jedes Pferd kann nach Belastung einmal Nasenbluten haben; wird dies aber bei ein und demselben Pferd zur Regel, wird es problematisch.

Forschungen zufolge entstehen diese Blutungen durch abnorme Druckverhältnisse im oberen Lungenbereich, in den Geweben, die während einer entzündlichen Virusinfektion der Atemwege geschädigt wurden. Hier sind besonders Pferde betroffen, die gleichzeitig an COPD (Dampf) leiden. EIPH sieht man meistens bei Rennpferden, entstanden durch den extremen Druck auf die Atemwege in der Finalphase der Rennen.

Maßnahmen

Wenn es bei einem Pferd regelmäßig zu Blutungen aus der Nase kommt, läßt sich kaum etwas dagegen tun, denn der Schaden an der Lunge, mit dem das Krankheitsbild verbunden ist, ist ein Dauerschaden. Alles, was man gegen gleichzeitig vorhandene Probleme der Atemwege unternimmt, verringert den Druck im oberen Lungenbereich und damit auch das Auftreten von EIPH. Daher sollte man regelmäßig für die Reinerhaltung der Luft sorgen. Bei Bedarf ist ein bronchienerweiterndes Mittel, z. B. Clenbuterol, zu verabreichen. Zeitweise wurde in diesem Zusammenhang stark für das Entwässerungspräparat Lasix geworben. Die Vorteile dieses Mittels bei EIPH sind bisher wissenschaftlich nicht belegt. Alle zusätzlichen Atmungsprobleme, wie z. B. Kehlkopflähmung, sollten so gut wie möglich behandelt werden, um die Belastung möglichst gering zu halten.

Influenza (Grippe)

Es gibt zwei Hauptstämme der Pferdeinfluenza-Viren, den Typ 1-Prag Stamm – und den Typ 2-Miami Stamm. So wie bei der Grippe, an der der Mensch erkrankt, gibt es zahlreiche Virus-Untergruppen, wenn sie sich auch nicht so stark von den beiden Haupttypen unterscheiden, wie das bei den Stämmen der Influenza beim Menschen der Fall ist.
Pferdeinfluenza ist eine ernste Erkrankung der Atemwege, die, vor allem bei Fohlen, tödlich ausgehen kann. Sie verbreitet sich rapide, bei einer Inkubationszeit von 3–10 Tagen. Erkrankte Pferde husten häufig, oft haben sie einen feuchten Husten. Sie machen einen deutlich kranken Eindruck und haben Fieber. Dabei kommt es zu Nasenausfluß. Belastet man diese Pferde, bevor sie völlig wiederhergestellt sind, kann eine dauerhafte Schädigung der Herzmuskulatur die Folge sein. Dabei kann sich eine Prädisposition für späteren COPD herausbilden.

Maßnahmen

Gegen Pferdeinfluenza kann man vorbeugen. Es gibt sehr wirksame Impfstoffe, die guten Schutz bieten.

Für den vorgeschriebenen Impfschutz sind zumindest zwei Grundimpfungen im Abstand von 21–92 Tagen erforderlich. Die erste Auffrischungsdosis sollte 150–210 Tage später gegeben werden. Danach ist die Impfung jährlich zu wiederholen. Es gibt kein Medikament, das die Influenza-Viren zerstört. Schleimlösende Mittel, z. B. Sputolysin und bronchienerweiternde Medikamente, z. B. Clenbuterol, lindern die Symptome und beschleunigen die Heilung. Auf eine Infektion sollten 6 Wochen strikter Ruhe folgen, um zu vermeiden, daß es zu einer Herzerkrankung kommt. Der gesamte Bestand sollte unter Quarantäne gehalten werden, damit sich die Epidemie nicht verbreitet.

Kehlkopflähmung

Hierbei handelt es sich um eine völlige oder teilweise Lähmung der Nerven (rekurrenter Kehlkopfnerv), der die Muskeln versorgt, die der Luft den Weg durch die Kehle öffnen, indem sie die Stimmbänder zur Seite ziehen. Fast immer ist der linke Nerv betroffen und damit das linke Stimmband, das sich bei starker Beanspruchung nicht zur Seite bewegt.

Dabei kommt es zu einem beträchtlichen Luftwirbel um das gelähmte Stimmband, der ein röhrendes Geräusch verursacht, wenn das Pferd stark beansprucht wird. Aus diesem Grunde nennt man den Zustand bisweilen Röhren oder Kehlkopfpfeifen (A.d.Ü.); aber man sollte beachten, daß auch andere Krankheitsbilder der Atemwege derartige Geräusche verursachen können, und nicht nur die soeben beschriebene Lähmung. Um eine genaue Diagnose stellen zu können, muß der Kehlkopf des Pferdes mit Hilfe eines fiberoptischen Endoskops untersucht und das gelähmte Stimmband betrachtet werden.

Maßnahmen

Wenn ein Pferd trotz röhrender Geräusche bei einer Kehlkopflähmung noch in der Lage ist, Leistungen zu erbringen, ohne daß es zu Schwierigkeiten bei der Atmung kommt, sind keine Maßnahmen erforderlich.

Jahrelang versuchte man diesen Zustand durch einen chirurgischen Eingriff, die Hobday-Operation, zu beheben. Dieser Eingriff besteht darin, daß ein hautartiger Sack unter dem Stimmband entfernt wird. Dabei wird in einigen Fällen das Geräusch vermindert, doch kommt es nur in seltenen Fällen wirklich zu einer Weitung der Luftwege. Ist die Leistung des Pferdes deutlich eingeschränkt, ist eine Operation angezeigt, bei der das Stimmband zurückgebunden wird.

Lungenwürmer

Ein parasitärer Wurm namens Dictyoculus arnfeldi lebt direkt in der Lunge des Pferdes. Der ausgewachsene Wurm legt Eier, die auf die übliche Weise mit dem Schleim aus der Lunge entfernt und anschließend heruntergeschluckt werden. Die Eier werden in der Weide ausgeschieden, wo sie sich zu Larven entwickeln. Diese wiederum werden beim Grasen aufgenommen und wandern für den Rest ihrer Entwicklung in die Lunge zurück. Zum Glück kommt es selten dazu, daß die Larven im Pferd zu reifen Lungenwürmern heranreifen. Meistens endet die Entwicklung mit dem Larvenstadium in der Lunge.

Die meisten Lungenwurminfektionen bei Pferden werden von Eseln übertragen. Wenn sie nicht speziell dagegen behandelt werden, haben fast alle Esel Lungenwürmer. Während die Parasiten bei Eseln kaum irgendwelche Krankheitszeichen verursachen, ist das bei Pferden durchaus der Fall.

Bei Pferden ruft ein Lungenwürmerbefall einen chronischen Husten hervor. Auffällig daran ist, daß der Husten während der Weideperiode beginnt, und nicht in der Zeit, in der das Pferd aufgestallt ist. Dies kann das einzige Krankheitssymptom sein, obwohl gelegentlich Nasenausfluß dazukommt.

In ernsten Fällen ist die Atmung erschwert. Eine Kotuntersuchung auf Wurmeier stellt kein zuverlässiges Mittel dar, um die Diagnose zu stellen, während die Untersuchung eines Schleimabstrichs aus der Trachea des Pferdes das Vorhandensein durch Lungenwurmbefall veränderter Zellen anzeigt. Eine erfolgreiche Behandlung ist wohl das sicherste Zeichen dafür, daß ein Lungenwurmbefall vorgelegen hat.

Maßnahmen

Lassen Sie Ihr Pferd nicht mit Eseln zusammenkommen, und lassen Sie die Weide mindestens ein Jahr lang nicht beweiden. Eine normale Dosis Ivermectin ist wirksam gegen Lungenwürmer. Bei hartnäckigem Befall kann eine hochdosierte Thiabendazole-Behandlung per Magensonde erforderlich werden.

Druse

Die Druse ist eine Infektion der Lymphdrüsen, vor allem im Bereich der Kehle und unter dem Kiefer. Hervorgerufen wird sie durch ein Bakterium, den **Streptokokkus equi.** Ein an Druse erkranktes Pferd hat einen starken, unangenehm riechenden Nasenausfluß und Fieber. Die Drüsen im Bereich des Kieferbogens können extrem anschwellen und schließlich aufbrechen, wobei dicker Eiter austritt. Es kann auch zu Schwierigkeiten bei der Atmung kommen. Meistens erkranken junge Pferde an Druse, und zwar dann, wenn sie zum ersten Mal mit anderen Pferden zusammenkommen und unter Streß stehen. Druse ist extrem ansteckend.

Maßnahmen

Der Eiter, der aus den aufgebrochenen Abszessen und der Nase austritt, ist hochinfektiös. Strikte Hygienemaßnahmen müssen unbedingt eingehalten werden, wenn man die Ausbreitung der Bakterien durch infizierte Ausrüstungsgegenstände, Kleidung, u.s.w. auf andere Pferde vermeiden will. In einem bestimmten Stadium der Erkrankung sind Antibiotika sehr wirksam. Warme Umschläge beschleunigen den Reifeprozeß der Lymphdrüsenabszesse. Sind die Abszesse aufgegangen, fühlen sich die Pferde deutlich wohler.

5

DER BLUT-
KREISLAUF

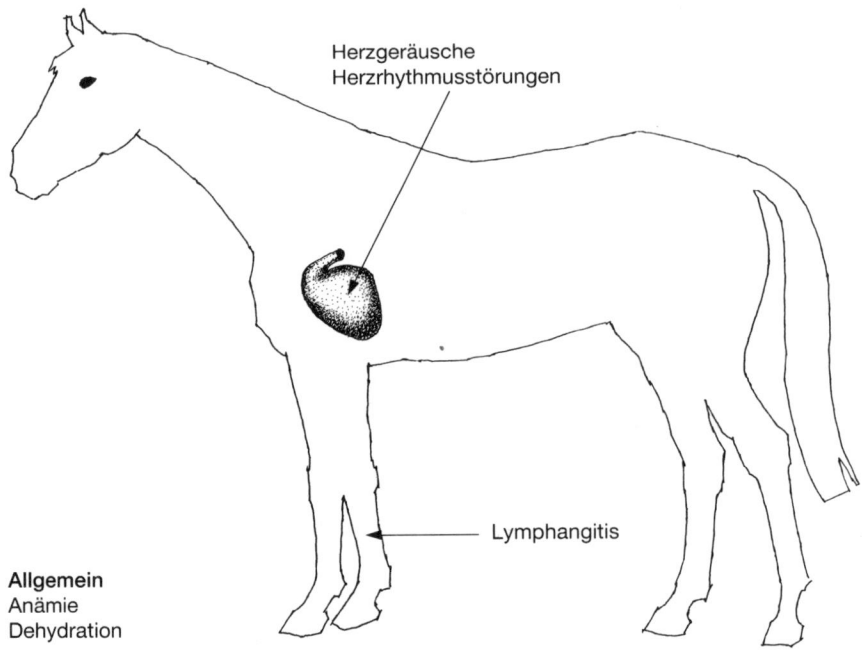

Herzgeräusche
Herzrhythmusstörungen

Lymphangitis

Allgemein
Anämie
Dehydration

Der Kreislauf ist eines der Wunder des Lebens. Das Herz pumpt ständig, ohne zu ermüden, und versorgt jeden Teil des Pferdekörpers, wie weit er auch entfernt sein mag, mit Nahrung und dem notwendigen Sauerstoff. Das Herz hat vier Kammern, die alle unabhängig voneinander pumpen. Blut mit einem sehr niedrigen Sauerstoffgehalt gelangt in den rechten Vorhof. Von dort wird es in die rechte Kammer gepumpt, bevor es weiter in die Lunge gelangt, um mehr Sauerstoff aufzunehmen. Anschließend kehrt das Blut zum linken Vorhof zurück, gelangt in die rechte Herzkammer und wird von dort aus durch den gesamten Kreislauf gepumpt.

Daß es an jeder Herzseite zwei Pumpen gibt, ist nicht so sinnlos, wie es zunächst erscheinen mag, sondern ermöglicht eine Trennung des Bluts, das ins Herz zurückströmt von dem Blut, das aus dem Herzen herausgepumpt wird. Und wenn es zu einem Versagen im System kommt, springt die entsprechende Pumpe ein. Pumpt eine der Kammern nicht so, wie sie sollte, dehnt sich der Vorhof aus, um das überschüssige Blut aufzunehmen, das weiterhin zum Herzen zurückströmt, ohne daß zusätzlich Druck auf die ohnehin beeinträchtigten Herzkammern ausgeübt wird. Bekanntlich nennt man die Blutgefäße, die das sauerstoffreiche Blut führen, Arterien, während diejenigen, die das kohlendioxydreiche Blut zum Herzen zurückleiten, Venen heißen. In den Wänden der Arterien befinden sich Muskeln, die dazu beitragen, daß das Blut weitergeleitet wird. Bei einer Verletzung wird oft angenommen, daß eine Arterie durchtrennt ist, weil ein kräftiger Blutstrom aus der Wunde pulst. Dies trifft meistens nicht zu. Wenn eine Arterie durchtrennt ist, spritzt das Blut 30 cm oder höher in die Luft, bedingt durch den ungeheuren Druck, unter dem es steht. Ist eine Hauptarterie durchtrennt, spritzt das Blut ein bis eineinhalb Meter weit durch den Stall. Ganz gleich, woher das Blut rührt, hier ist Druck anzuwenden. Eine Kompresse sollte fest auf die Wunde gedrückt oder um die Wunde bandagiert werden. Drückt man sie lange und fest genug auf das frisch verletzte Blutgefäß, hört die Blutung auf.

Blut sieht rot aus, besteht in Wirklichkeit aber aus einer Vielzahl von Farben. Da sind die roten Blutkörperchen, die sehr zahlreich vorhanden sind (etwa 7 Millionen pro Milliliter Blut), dann die weißen Blutkörperchen, die in weitaus geringerer Zahl vertreten sind (etwa 7000 pro Milliliter Blut) und schließlich die strohfarbene

Normalwerte des Pferdebluts	
Hämoglobin	9.5–15.5 g/dl
rote Blutkörperchen	$6–10.5 \times 10^{12}$/l
verdichtetes Zellvolumen	1.5–1.7
weiße Blutkörperchen	6.11×10^9/l
Neutrophile	$3–6.5 \times 10^9$/l
Lymphozyten	$2–5 \times 10^9$/l
Eosinophile	$0.1–0.5 \times 10^9$/l
Monozyten	$0.2–1 \times 10^9$/l
Gesamtprotein	55–67 g/l
Kreatin Phosphokinase Enzyme	16–49 iu/l
Aspartat – Aminotransferase Enzyme	105–230 iu/l
Bilirubin	1.1–2.5 mg/dl
Blutharnstoff	3–6.4 mmol/l

Jedes Labor verfügt über eigene Normalwerte, die sich von dieser Tabelle unterscheiden können.

Flüssigkeit bzw. das Plasma. Einzige Aufgabe der roten Blutkörperchen ist es, Sauerstoff aus Bereichen des Körpers, wo er reichlich vorhanden ist, z. B. der Lunge, zu den Geweben zu transportieren und ihn dort gegen Kohlendioxyd einzutauschen, der zur Lunge zurücktransportiert und dort wiederum gegen Sauerstoff ausgetauscht wird. Es gibt unterschiedliche Typen von weißen Blutkörperchen. Sie haben in erster Linie die Aufgabe, Infektionen abzuwehren. So besteht Eiter aus einer Mischung von abgestorbenen weißen Blutkörperchen und bakteriellen Zellen. Weiße Blutkörperchen fangen nicht nur fremde Substanzen und Bakterien ab, sie bilden auch Antikörper, um sie zu bekämpfen. Plasma ist das Transportmittel für Nährsubstanzen rund um den Körper, sowie für toxische Abfallprodukte, die ausgeschieden werden. Zu dieser Kategorie gehören bestimmte Enzyme, die vom verletzten Gewebe freigesetzt werden. Ist der Spiegel dieser Chemikalien erhöht, hat man einen Hinweis darauf, welches Gewebe verletzt worden ist. Die Flüssigkeit des Plasmas reguliert den gesamten Wasserhaushalt des Körpers. Ist zum Beispiel zu wenig Flüssigkeit vorhanden, wird das Blut zähflüssig und kann nicht richtig fließen. Dies führt zu Kreislaufstörungen.

Anämie

Eine Anämie ist ein Hämoglobinmangel im Blut des Pferdes. Hämoglobin ist das rote Pigment, das dem Blut seine Farbe verleiht und Sauerstoff durch das Kreislaufsystem transportiert. Hämoglobin ist ausschließlich in den roten Blutkörperchen vorhanden, obwohl es in der Muskulatur ein ähnliches Pigment gibt, das Myoglobin. Bei einem Hämoglobinmangel kommt es zu einem Sauerstoffmangel in den Geweben, der fast alle Körperfunktionen beeinträchtigt. Vor allem ist ein Pferd mit einer Anämie lethargisch und lustlos. Es ermüdet schnell bei Beanspruchung und ist schnell außer Atem.

Eine Anämie kann durch den Verlust roter Blutkörperchen bei einer Verletzung entstehen, oder das Resultat einer chronischen Erkrankung mit Blutverlust sein. Sie wird auch bei Pferden diagnostiziert, die eine normale Anzahl roter Blutkörperchen aufweisen, bei denen jedoch der Hämoglobingehalt der einzelnen Zelle reduziert ist.

Eine der Ursachen dieser Erkrankung ist ein Eisendefizit in der Ernährung. Hierauf ist die Anämie bei Menschen gewöhnlich zurückzuführen, bei Pferden jedoch nur selten – allen Anzeigen der Hersteller von Eisenpräparaten zum Trotz. Das Pferd wird beim Grasen so gut wie immer ausreichend mit Eisen versorgt und verfügt außerdem über ein sehr gutes Speichervermögen, das das einmal aufgenommene Eisen im Körper zurückhält. Man kann nicht einfach bei einer blassen Färbung der Augen- oder Maulschleimhäute beim Pferd auf Anämie schließen. Der Hämoglobingehalt muß schon sehr erheblich gesenkt sein, bevor sich die Färbung dieser Gewebe charakteristisch verändert. Einem Blutbild kann man hingegen genau entnehmen, wie viele roten Blutkörperchen vorhanden sind und wieviel Hämoglobin jede Zelle enthält.

Maßnahmen

Zeigt das Blutbild zu wenig rote Blutkörperchen an und ist keine Blutung beim Pferd zu erkennen, kann das Problem dadurch entstanden sein, daß das Pferd nicht in der Lage ist, genügend rote Blutkörperchen zu bilden. Bei Pferden, die im Stall gehalten werden, ist ein Mangel an Folsäure häufig die Ursache. Reichert man das Futter mit Folsäure an (ca. 500 mg/Tag), bilden sich oft wieder genug rote Blutkörperchen; allerdings dauert es mindestens 30 Tage, bis diese zusätzlichen Zellen in den Blutkreislauf gelangen. Eisenpräparate und Vitamin-B_{12}-Zusätze bewirken nicht die Bildung zusätzlicher roter Blutkörperchen. Das Pferd sollte zusätzlich mit Ivermectin behandelt werden, um auszuschließen, daß der Blutverlust durch Wurmlarven verursacht wird.

Dehydration (Flüssigkeitsmangel)

Dehydration bezeichnet einen Zustand, in dem der Körper eine kritische Menge seiner Körperflüssigkeit eingebüßt hat und den Verlust nicht mehr ausgleichen kann. Uns ist häufig nicht bewußt, daß der Körper zu 60% aus Wasser besteht. Verschiedene Salze, wie Natrium, Kalzium, Chlorid etc., sind in lebenswichtigen Mengen in dieser Flüssigkeit gelöst vorhanden und eine Dehydration ist ein gefährlicher Zustand, weil er in den Elektrolythaushalt des Pferdes eingreift. Man kann feststellen, ob die Dehydration gefährliche Ausmaße annimmt, indem man eine Hautfalte am Hals oder an der Schulter hochzieht. Wenn man losläßt, müßte die Falte augenblicklich verschwinden. Hat das Pferd mehr als 5% seines Körpergewichts an Flüssigkeit eingebüßt, bleibt die Falte stehen.

Dehydration kann die Folge eines Flüssigkeits- und Elektrolyteverlustes beim Schwitzen sein. Entweder ist die Witterung dafür verantwortlich oder das Bedürfnis, sich durch Schwitzen nach starker Beanspruchung abzukühlen. Auch Durchfall kann zur Dehydration führen. Tatsächlich ist Dehydration die häufigste Todesursache bei Krankheiten, die Durchfälle verursachen, wie z. B. Salmonellose.

Maßnahmen

Flüssigkeit und Elektrolyte sind zu ersetzen. Geben Sie dem Pferd reines Wasser zu trinken, so geht es dem System schnell wieder verloren, weil nicht genügend Elektrolyte darin gelöst sind, um es im Kreislauf zu halten. Ebenso ist es unangebracht, nur Elektrolytpulver zu verabreichen, ohne Flüssigkeit dazu zu geben.

Es gibt mehrere Elektrolytpräparate im Handel, die man mit Wasser anmischen kann. Sie sind sehr wirksam. Falls Ihr Pferd häufig stark beansprucht wird und durch Schwitzen viel Flüssigkeit verliert, sollten Sie eins dieser Präparate zur Hand haben. Im übrigen gilt folgende Faustregel: Man gebe dem Pferd 5 l Wasser mit 2 Eßlöffel Tafelsalz pro Stunde, in der das Pferd geschwitzt hat.

Lymphangitis
(Lymphgefäßentzündung)

Obwohl selten davon die Rede ist, gibt es einen dritten Bereich des Kreislaufsystems, neben den Arterien und Venen. Es ist das System der Lymphbahnen. Es funktioniert parallel zu den Venen, zieht Gewebsflüssigkeit ab und leitet sie wieder in den allgemeinen Kreislauf. Die Lymphgefäße sind so dünn und klein, daß man sie nur schwer erkennen kann, und der Druck der Flüssigkeit im Lymphsystem ist so niedrig, daß wir ihn kaum feststellen können. Wenn allerdings die Drainage des Lymphsystems blockiert ist, z. B. an einem der Lymphknoten, die regelmäßig verteilt sind und deren Aufgabe es ist, Infektionserreger in den Lymphgefäßen und umgebenden Geweben ausfindig zu machen, erhöht sich der Druck. Zu diesem Zeitpunkt kann man die strangartigen Lymphbahnen sehen oder fühlen, wie sie unter der Haut verlaufen.

Häufiger jedoch tritt durch den Druck Flüssigkeit durch die Wände der Lymphgefäße aus, und es kommt im umgebenden Gewebe zu Ödemen. Der Bereich, der durch die spezielle Lymphbahn drainiert werden sollte, ist statt dessen aufgedunsen und angeschwollen. Ein kräftiger Druck mit dem Finger hinterläßt eine Delle, die bestehen bleibt, wenn man den Finger wegnimmt. Diesen Zustand nennt man Lymphangitis.

Am häufigsten tritt dieser Zustand unten an den Beinen, vor allem den Hinterbeinen, auf. Die sog. »Montagmorgen-Krankheit« ist eine besondere Form der Lymphangitis, bei der die Hinterbeine des Pferdes nach einem Ruhetag bei voller Futterration stark geschwollen sind. Das Ödem versteift die Beine, so daß sich das Pferd nur unwillig bewegt. Dies verursacht wiederum eine neue Flüssigkeitsansammlung.

Maßnahmen

Das Pferd sollte so oft wie möglich leicht gearbeitet werden, um ganz allgemein den Kreislauf anzuregen. Kalte Kompressen tragen dazu bei, eine weitere Flüssigkeitsansammlung einzuschränken und eine Entzündung der Lymphknoten zu lindern. Diuretika (Medikamente, die dem Körper Flüssigkeit entziehen, indem die Urinbildung angeregt wird) unterstützen den Abbau von Ödemen.

Herzgeräusche und Herzrhythmusstörungen

In Ruhe schlägt das Herz des Pferdes etwa 40 mal pro Minute. Wenn wir seinem regelmäßigen Rhythmus zuhören, bemerken wir mindestens 2 Herztöne (oftmals als »LUB DUB« dargestellt). Tatsächlich gibt es 4 Herztöne, und bei manchen Pferden kann man sie auch hören. Sie dürfen nicht fälschlicherweise für Herzgeräusche gehalten werden, zusätzliche anormale Herztöne, die entweder zwischen den normalen Herztönen erscheinen oder die Hauptherztöne voneinander trennen. Herzgeräusche entstehen durch Turbulenzen im Blutstrom. Diese Turbulenzen können durch körperliche Anomalien, wie eine fehlerhafte Herzklappe, entstehen, aber auch durch eine Störung des Bluts und der Art und Weise, wie es fließt. So haben hochgradig anämische Pferde oft ein Herzgeräusch, das wieder verschwindet, sobald die Anämie ausgeheilt ist.

Fehlerhafte Herzrhythmen, Herzrhythmusstörungen genannt, sind hinlänglich durch ihren Namen definiert. Sie entstehen durch eine fehlerhafte Übertragung der elektrischen Impulse im Herzen, die die Kontraktionen der einzelnen Herzkammern steuern. Vielleicht ist die häufigste Herzrhythmusstörung das sog. Vorhofflimmern, bei dem die oberen Herzkammern, die Atria, sich wiederholt sehr schnell zusammenziehen, in einem Rhythmus, der mit dem normalen Herzschlag nicht korreliert. Es überrascht nicht, daß ein solches Pferd eine sehr geringe Belastungstoleranz hat.

Jeder kann lernen, den Herzschlag eines Pferdes zu zählen, indem er den Puls an der Stelle mißt, wo die Arterie unter dem Unterkiefer verläuft. Informationen über den Blutfluß erhält man, wenn man das Herz mit dem Stethoskop abhört. Das menschliche Ohr ist nicht empfindsam genug, um feinste Veränderungen im Herzrhythmus wahrzunehmen. Diese werden mit dem EKG (Elektrokardiogramm) aufgezeichnet, das darauf beruht, daß am Körper befestigte Elektroden die elektrischen Impulse im Herzen messen. Das EKG liefert eine gedruckte Kurve, anhand derer man auch geringfügige Abweichungen im Herzrhythmus messen kann. Zur Zeit ist man auf dem Wege, mit Hilfe eines Ultraschallgeräts in das Herz hineinzusehen und es bei der Arbeit zu beobachten. Dieses Gerät ähnelt dem Ultraschallgerät, mit dem man eine Schwangerschaft feststellen kann.

Maßnahmen

Abgesehen von besonderen Fällen sind keine Maßnahmen erforderlich, wenn eine Herzanomalie nur in Ruhe auftritt und völlig verschwindet, wenn das Pferd gearbeitet wird. Andererseits gibt eine Anomalie, die nicht im Ruhezustand, sondern unter Belastung deutlich wird, immer Anlaß zur Sorge. In den letzten Jahren hat die Veterinärmedizin Herzanomalien als weniger gravierend eingestuft als früher. Heute würde man ein Pferd nicht einfach abwerten, weil eine Herzanomalie vorliegt, es sei denn, die Leistungsfähigkeit des Pferdes ist beeinträchtigt oder es sind andere nachteilige Auswirkungen zu vermerken. Es ist unwahrscheinlich, daß Pferde mit Herzproblemen bei der Arbeit zusammenbrechen. Falls überhaupt, so würde dies eintreten, wenn sie sich nach der Anspannung entspannen; so wie das beim Menschen auch ist. Die meisten Herzprobleme sind selbstbegrenzend. Das heißt, das Pferd ist nicht in der Lage, mehr zu leisten, als sein Herz Sauerstoff dazu liefern kann.

6

DER BEWEGUNGS-APPARAT

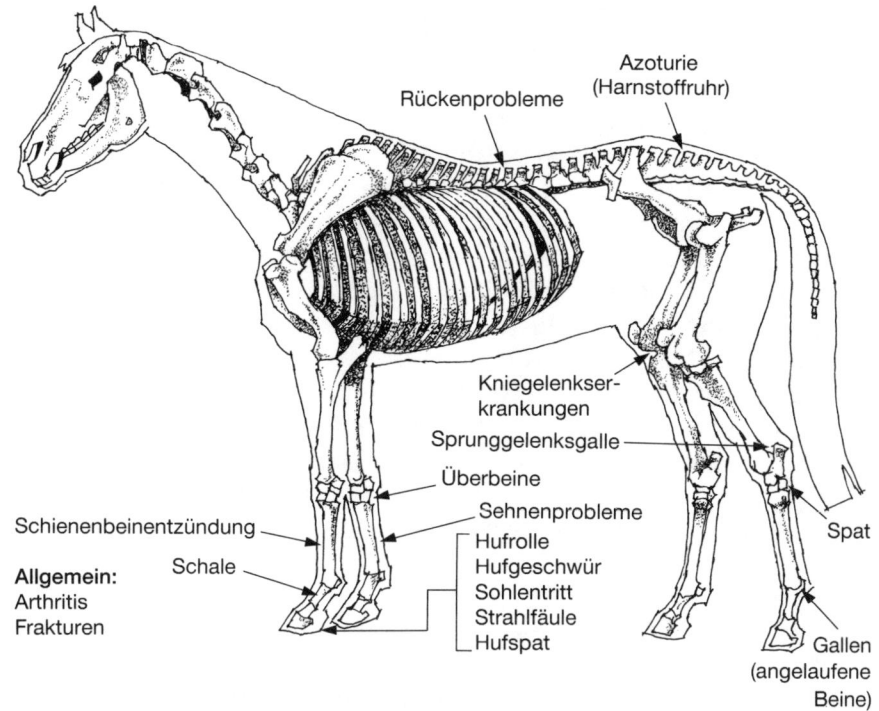

Der Bewegungsapparat besteht aus den Muskeln des Körpers, die bewußt kontrolliert werden, den Sehnen, die sich an den Knochen anheften, den Knochen selbst und den Bändern, die bestimmte Knochen miteinander verbinden. Das Knochengerüst bildet ein System von Hebeln, die das Pferd vorwärtsbewegen. Die Muskeln bewegen diese Hebel.

Ein Muskel ist ein äußerst aktives Gewebe. Es ist immer bestens mit Blut versorgt, so daß Sauerstoff und Nährstoffe vorhanden sind und Abfallprodukte entfernt werden. Kommt es zu einer Verletzung der Muskulatur, ist diese gute Blutversorgung von Vorteil, weil sie all die Baustoffe bereithält, die zur Wiederherstellung des beschädigten Gewebes erforderlich sind. Folglich heilen Muskeln innerhalb von Wochen vollständig aus, sofern diese nicht erneut verletzt werden. Jeder Muskel hat einen Gegenpart, einen zweiten Muskel, der auf den gleichen Knochen einwirkt, aber in entgegengesetzter Richtung. Die kontrollierte Bewegung bildet die Balance zwischen den Zugkräften, die von den gegensätzlichen Muskeln ausgeübt wird.

Das Sehnengewebe ist vergleichsweise wenig aktiv. Anders als vielfach angenommen, ist es im Verhältnis zu der geringen Anzahl aktiver Zellen in der Sehne ganz gut mit Blut versorgt. Der größte Teil der Sehnenmasse besteht aus den langen Fasern eines Proteins, das man als Kollagen bezeichnet. Normalerweise haben die Kollagenfasern der Sehnen ein gekräuseltes – oder Zickzackmuster –, das eine gewisse Dehnung ermöglicht. Beim Spontanheilungsprozeß einer Sehnenverletzung bildet sich Kollagen, das nicht gekräuselt ist. Folglich fehlt der geheilten Sehne das Minimum an Elastizität, das sie vor neuen Verletzungen schützt.

Knochengewebe ist nicht völlig inaktiv, wie oft angenommen wird. Es ist zwar richtig, daß sich Größe und Form der Knochen nur noch wenig ändern, wenn das Pferd ausgewachsen ist. Tatsächlich kommt es nur noch zu einem geringen Höhenwachstum, wenn Pferde erst 2 oder 3 Jahre alt sind. Der Knochen verfügt über weniger Zellen als jedes andere Gewebe und besteht hauptsächlich aus den Kristallen einer Substanz, namens Hydroxyl-Apatit. Diese Substanz ist für die Konstanterhaltung wichtiger Mineralien im Blut, wie Kalzium und Phosphor, verantwortlich. Es findet ständig ein Austausch von Mineralien statt, wobei neue Kristalle gebildet werden und andere zerfallen. Ist der Blutkalziumspiegel gesenkt, verringert sich automatisch die Bildung neuer Apatit-Kristalle, und zwar so lange, bis sich wieder genug Kalzium im Blut angesammelt hat. Steigt der Blutkalziumspiegel zu stark an, geht die Zerfallsrate von Apatit zurück. Wir wissen, daß Mineralstoffe wie Kalzium und Phosphor deswegen wichtige Bestandteile der Fütterung sind, weil sie für eine gesunde Knochenbildung sorgen, aber die haben noch viele andere ebenso wichtige Aufgaben im Stoffwechsel des Körpers.

Ihrer Struktur nach sind die Bänder den Sehnen sehr ähnlich, enthalten jedoch mehr elastische Fasern. Ihnen kommt die Aufgabe zu, die Knochen im Bereich der Gelenke an Ort und Stelle zu halten, so daß diese Knochen in einer bestimmten Richtung bewegt werden können, jedoch nicht in eine andere. Gelenke stellen recht komplexe Systeme dar. Die angrenzenden Knochen müssen eine Knorpelschicht haben, damit sie sich geschmeidig übereinander bewegen können, ohne aufeinander zu reiben oder sich abzunutzen. Wie bereits gesagt, werden die Knochen oftmals durch Bänder an Ort und Stelle gehalten. Das gesamte Gelenk wird durch Gelenkflüssigkeit geschmiert, die auch das Knorpelgewebe am Leben erhält.

Diese Flüssigkeit befindet sich in den Gelenkkapseln. Bei jeder Art von Gelenksentzündung kommt es zu einem Anstieg der von der Kapsel produzierten Gelenkflüssigkeit. Diese gesteigerte Aktivität macht sich in Form von Wärme im Bereich rund um das Gelenk bemerkbar. Viele Schmerzen bei Gelenkproblemen sind darauf zurückzuführen, daß die Gelenkflüssigkeit, die während der Erkrankung produziert wird, das Gelenk nicht gut genug schmiert.

Sehnen, Knochen, Bänder und Gelenkkapseln haben kein gut entwickeltes Abwehrsystem gegen Infektionen. Wenn es einer Infektion, trotz der Inaktivität dieser Bereiche, gelingt, einzudringen und Fuß zu fassen, können die Auswirkungen dramatisch sein. Dies gilt ebenso für die Sehnenscheiden, die die Hauptsehnen umgeben; z. B. die Sehne, die hinten am Röhrbein nach unten verläuft.

Feststellen von Lahmen
1. Lassen Sie das Pferd an der Hand von sich weg traben. Beobachten Sie, ob sich die Hinterhand an einer Seite senkt.
2. Lassen Sie das Pferd an der Hand auf sich zu traben. Beobachten Sie, ob das Pferd mit dem Kopf nickt.
3. Das Pferd »fällt« auf das gesunde Bein; bzw. es »nickt« auf dem gesunden Bein und lahmt folglich auf dem anderen.
4. Sehen Sie nach, ob das Bein warm ist und ob es schmerzt oder angeschwollen ist.
5. Denken Sie daran, daß 50% aller Lahmheiten im Huf begründet sind.

Arthritis

Arthritis bedeutet Gelenksentzündung. Es ist davon auszugehen, daß das Pferd einen bleibenden Schaden erlitten hat, der es schmerzt. Hufrollenentzündung, Schale und Spat sind andere Beispiele für Arthritis, die ich noch einzeln behandeln werde. Beim Menschen ist rheumatische Arthritis recht häufig, beim Pferd kommt sie nur selten vor.

Theoretisch kann an jedem Gelenk des Körpers Arthritis entstehen. In den meisten Fällen entsteht sie als Folge von Abnutzung und Zug

71

an den Gelenkoberflächen. Besonders betroffen sind Pferde, die aktiv im Reitsport eingesetzt werden, und ältere Pferde. Abgesehen davon, daß sie schmerzen, schwellen erkrankte Gelenke durch die Zunahme der Gelenkflüssigkeit an und fühlen sich auch warm an. Der charakteristische Röntgenbefund zeigt dann, daß sich um das arthritische Gelenk neue Knochenmasse gebildet hat. Manchmal brechen kleine Knochensplitter ab und geraten in die Gelenkflüssigkeit. Man nennt sie »Gelenkmäuse«.

Maßnahmen

Wenn ein Gelenk länger als zwei Tage schmerzt, sollte man immer an die Möglichkeit einer Arthritis denken. Der Befund sollte unbedingt eindeutig sein, folglich bildet das Röntgen hier einen wesentlichen Teil der Diagnosestellung. Beschränkt sich das Problem auf eine Bänderzerrung im Bereich des Gelenks, reichen meist kalte Umschläge, Lasertherapie und gegebenenfalls entzündungshemmende Medikamente aus. Befindet sich ein Knochensplitter frei in der Gelenkkapsel, ist eine derartige Behandlung sinnlos, solange das Fragment nicht chirurgisch entfernt worden ist. Ganz gleich, was für die Gelenkschwellung verantwortlich ist, die erste und wichtigste Behandlungsmaßnahme ist Ruhe.
Entzündungshemmende Mittel, wie z. B. Phenylbutazon, Elunixen oder Meklofenamische Säure können Arthrose nicht heilen. Sie lindern lediglich den Schmerz. Soll das erkrankte Pferd weiterhin genutzt werden, wird man diese Mittel höchstwahrscheinlich ständig geben müssen. Heute geht man davon aus, daß der Schmerz stärker durch die Entzündung des Gelenkknorpels verursacht wird als durch die eigentliche Knochenveränderung. Dies wiederum führt zu Veränderungen der Gelenksflüssigkeit, die sie in ihrer Eigenschaft als Gleitmittel stark beeinträchtigen. Tauscht man die fehlerhafte Gelenkflüssigkeit entweder durch die Flüssigkeit eines anderen gesunden Gelenks des gleichen Pferdes aus, oder – was häufiger geschieht – durch ein künstliches Präparat, läßt sich der Zustand erheblich lindern.

Azoturie (Kreuzverschlag)

Dieser Zustand hat unterschiedliche Namen, dazu gehören Kreuzverschlag oder auch Rhabdomyelose. Die Krankheitssymptome sind leicht zu beschreiben. Ihre Ursache zu erkennen ist dagegen oft schwieriger. Bei akutem Kreuzverschlag wird das Pferd während der Arbeit steif. Die großen Muskelpartien des Rückens und der Hinterhand verhärten sich und schmerzen. Wird das Pferd gezwungen weiterzugehen, kann sich der Zustand so verschlechtern, daß es sich überhaupt nicht mehr bewegen kann. Dabei kann es passieren, daß das Pferd sich hinlegt und anschließend nicht mehr aufstehen kann. Man kann beobachten, wie Pferde mit Azoturie sich erfolglos bemühen, zu urinieren. Geht Urin ab, so kann er sehr dunkel, fast rötlich aussehen. Häufig kommt es zur Azoturie am ersten oder zweiten Tag nach einer kurzen Ruhepause, in der das Pferd voll weitergefüttert wurde.

Bei der subklinischen Azoturie schwitzt das Pferd viel leichter bei der Arbeit als sonst üblich. Es kann zwar galoppieren, zeigt aber nicht die erwartete Leistung und atmet angestrengter als andere Pferde bei einer vergleichbaren Arbeit. Azoturie ist als eine abnorme Form von Müdigkeit anzusehen. Ist ein Pferd müde, werden Schwäche und Schmerz in seinen Muskeln durch die Ansammlung großer Mengen von Milchsäure verursacht, die nicht durch den Blutkreislauf entfernt worden sind. Auch bei Azoturie kommt es zur Ansammlung großer Mengen von Milchsäure, die aufgrund ihres Säuregehalts schwere Schäden in der Muskulatur verursachen. Diese Schädigung der Muskulatur kann festgestellt werden, indem man die Häufigkeit bestimmter Enzyme im Blut mißt, die aus den verletzten Zellen ausgetreten sind. Oft liegt kein plausibler Grund dafür vor, daß sich derartige Mengen von Milchsäure gebildet haben. Wird das Pferd, gemessen an seiner Beanspruchung, zu stark gefüttert, werden die überschüssigen Kohlenhydrate in Form von Stärke, dem Glycogen, in den Muskeln gespeichert. Wird diese in Energie umgewandelt, kann es zur Bildung großer Mengen von Milchsäure kommen. Wenn Pferde Azoturie bekommen, die nicht gearbeitet und nur leicht gefüttert werden, ist der auslösende Faktor schwer zu erkennen. Einige Pferde nehmen Elektrolyte, wie z. B. Natrium, nicht in ausreichendem Maße auf, um stabile Muskelzellwände zu bilden. Diese sind dann wenig widerstandsfähig.

Maßnahmen

Wenn Sie den Eindruck haben, daß Ihr Pferd eine Azoturie bekommt, reiten Sie nicht weiter. Sind Sie nicht in der Nähe des Stalles, so versuchen Sie nicht zurückzureiten, sondern stellen Sie das Pferd vorübergehend unter. Erfahrungen bei Langstreckenritten zeigen, daß der Zustand sich allein dadurch verschlechtern kann, daß das Pferd sich auf dem Transporter ausbalancieren muß. Abgesehen von ein- bis zweimaligem Schritt an der Hand (jeweils höchstens 3–4 Minuten), sollte das Pferd ruhig gehalten werden, bis der Muskelenzymspiegel wieder normal ist. Viele Pferde, von denen behauptet wird, daß sie zur Azoturie neigen, haben nie die Möglichkeit gehabt, sich vollständig zu erholen, bevor sie wieder eingesetzt wurden, und sind daher subklinische Dauerfälle.
Bei akuter Azoturie sollte man das Pferd daran hindern, sich hinzulegen, denn wenn große Anstrengungen unternommen werden müssen, um das Pferd wieder auf die Beine zu bekommen, verschlechtert sich der Zustand. In einigen Fällen können die Muskeln, die beim Liegen steif geworden sind, das Pferd gar nicht mehr hochheben.
Abbauprodukte aus der Muskulatur blockieren bei Azoturie die Nieren. Daher sollte man Pferde animieren zu trinken, damit die Urinproduktion angeregt wird und diese Substanzen ausgespült werden. Mit Diuretika kann man die Ausscheidung dieser Stoffe unterstützen. Das gleiche kann mit intravenösen Flüssigkeits-Infusionen erreicht werden. Da es zu Schäden an der Muskulatur kommt, sind kortisonhaltige Präparate angezeigt.
Vitamin E und Selen beschleunigen die Wiederherstellung der Muskulatur nach einem Azoturieanfall. Dies ist zwar wissenschaftlich nicht eindeutig belegt, man geht dabei aber zumindest keinerlei Risiko ein. Heute gibt man spezielle Elektrolytmischungen zur Stabilisierung der Muskelmembranen. Ein Löffel Salz pro Tag stellt eine gute Grundversorgung von Risikopferden dar.

Rückenprobleme

Aus diesem Grunde ziehen viele unqualifizierte »Rücken-Einrenker« durch das Land, die Rückenprobleme diagnostizieren und durch Einrenken behandeln, obwohl sie sich im übrigen nicht mit

Pferdekrankheiten und deren Behandlung auskennen. Dieses Unwesen wird dadurch gefördert, daß Rückenbeschwerden meistens mit einem Leistungsabfall einhergehen und Sportpferde leider sehr häufig betroffen sind. Dabei muß zwischen Verspannungen der Rückenmuskulatur (des Longissimus dorsi und der Gluteus-Muskulatur), einem Primärproblem, das durch Verletzungen hervorgerufen wurde, und Spasmen unterschieden werden, die entstehen, wenn das Pferd versucht, aufgrund einer anderen Primärursache das Gewicht zu verlagern. Eine Behandlung kann zu einer vorübergehenden Besserung des Zustands führen. Aber das Problem wird wieder auftauchen, solange die Primärursache, z. B. eine Knochenanomalie des Rückgrats oder eine chronische Huflahmheit, unbehandelt bleibt. Die Diagnostik muskelbedingter Rückenprobleme beginnt mit einem sorgfältigen Abtasten der Rückenmuskulatur. Interessanterweise gibt es einige Stellen, die besonders schmerzempfindlich sind und gleichzeitig Behandlungspunkte für die Akupunktur darstellen. Normalerweise weicht ein Pferd nicht aus, wenn man Druck auf eine bestimmte Stelle ausübt. Ein Pferd mit einem empfindlichen Rücken hat entweder zur Zeit eine akute Erkrankung, oder es erinnert sich an frühere Schmerzen. Entscheidend ist dabei, ob man diese Reaktion durch eine Behandlung ausschalten kann, was der Beweis dafür wäre, daß tatsächlich vorher Schmerzen vorhanden waren. Bei einer gründlichen Untersuchung des Rückens entdeckt man Muskeln, die sich zurückgebildet haben, weil sie nicht benutzt wurden. Liegt eine Muskelverletzung noch nicht lange zurück, ist eine Erhöhung der Muskelenzymwerte im Blut festzustellen.

Muskelschmerzen im Rücken können auf eine Muskelzerrung durch einen Sturz oder eine ungeschickte Bewegung zurückzuführen sein. Dies kann dem Pferdehalter leicht entgangen sein, denn Pferde wälzen sich oft oder liegen des Nachts in ihrer Box fest. Die Ursache des Schmerzes können auch Muskelspasmen sein. Hierzu kommt es, wenn sich Muskelfasern in einem bestimmten Bereich des Rückens auf Dauer zusammenziehen. Sie können lange Zeit kontrahiert bleiben und so eine Ursache für Schmerzen darstellen, wenn sie ermüden, sich aber nicht entspannen können.

Knochenprobleme im Rücken sind schwieriger zu diagnostizieren, auch wenn die Knocheneinrenker uns weismachen wollen, daß sie die Knochen selbst bewegen und nicht Muskelspasmen lösen. Drückt man auf die dorsalen Wirbel, kann das Pferd mit Schmerz reagieren, und Einspritzungen von Lokalanaesthetika zwischen angrenzenden Wirbeln können die Diagnose bestätigen, indem sie den Schmerz ausschalten. Röntgenuntersuchungen der Wirbelsäule und des Rückens sind leider nur mit Spezialgeräten möglich, die gewöhnlich nur in Unikliniken oder ähnlichen Einrichtungen zur Verfügung stehen. Am häufigsten werden Rückenprobleme durch Berührung oder Reibung angrenzender Rückenwirbel verursacht. Statistiken zufolge ist dies ein Befund, der häufig auftritt und gewöhnlich keine Probleme verursacht.

Bei einigen Pferden ist die Knochenbildung so stark und schmerzhaft, daß das Pferd deutlich Schmerz äußert.

Maßnahmen

Die meisten Rückenprobleme heilen bei einer sechsmonatigen Stallruhe aus; doch ist dies oft weder durchführbar noch vertretbar. **Trotzdem spielt Ruhe eine wichtige Rolle bei der Behandlung.** Wenn Sie die Dressur- oder Springausbildung eines Pferdes mit Rückenproblemen nicht vorübergehend einstellen, kann die Erkrankung nicht ausheilen.

Durch entzündungshemmende Medikamente kann man den Schmerz bei Rückenproblemen lindern, doch darf eine künstlich herbeigeführte Schmerzfreiheit nicht dazu dienen, das Pferd einfach weiterzuarbeiten und den Zustand zu verschlimmern. Neben den hier üblichen Medikamenten, wie Phenylbutazon, ist Naproxen besonders wirksam bei der Behandlung von Muskelproblemen.

Ich habe bereits das Einrenken des Pferderückens angesprochen. Die Chiropraktiker handhaben dies auf sehr unterschiedliche Weise, sei es durch Schieben, Stoßen oder Drehen. **Das Ergebnis dieser Art von Manipulation ist eine Linderung der Muskelschmerzen; ein Einrenken der Knochen dürfte dabei kaum erfolgen.** Dies beweist die Tatsache, daß andere Therapieformen, wie z. B. Laserstrahlen, zu dem gleichen Resultat führen, dabei aber keine strukturellen Teile der Anatomie bewegt wurden. Das Einrenken stellt ein sinnvolles Werkzeug dar, wenn vorübergehend Schmerzen gelindert werden sollen oder eine Diagnose zu stellen ist. Sicher würde davon auch stärker Gebrauch gemacht werden, würden die damit verbundenen Versprechungen nicht Skepsis auslösen.

Bei der Lasertherapie am Rücken wird ein Laserstrahl des Infrarot-

Spektrums benutzt. Es stimmt zwar, daß solche Laserstrahlen die Akupunkturpunkte reizen können; bei Rückenproblemen ist es jedoch wahrscheinlicher, daß die entzündungshemmende Wirkung überwiegt. Dies wird erreicht, indem der Spiegel körpereigener entzündungshemmender Hormone, wie Cortisol und Seratonin, angehoben wird. Vom Standpunkt der Schmerzbeseitigung aus sind die Resultate überragend. Außerdem ist die Behandlung schmerzfrei, und es kommt nicht zu Verspannungen in der Rückenmuskulatur, wie dies bei Pferden der Fall ist, die eingerenkt worden sind.

Auch Induktionselektrizität (Faradisation) wird bei der Behandlung von Muskelproblemen eingesetzt. Hier wird elektrischer Strom zwischen einer Elektrode in einem Gurt und einer zweiten Elektrode, die an der kranken Stelle an die Haut gehalten wird, aufgebaut. Der Strom pulsiert rhythmisch, um zu erreichen, daß die Muskulatur sich in regelmäßigen Abständen zusammenzieht und wieder entspannt. Hierdurch wird der Kreislauf bei der Entfernung entzündlicher Flüssigkeiten unterstützt und die Muskulatur aufgebaut, ohne daß auf ihr lastendes Gewicht den Heilungsprozeß wieder zunichte macht. Wir können nicht genau sagen, wie tief die Kontraktionen einwirken, die durch Induktionselektrizität herbeigeführt werden. Möglicherweise werden nur die oberflächlichen Muskeln erreicht. Bei der Anwendung von Induktionselektrizität muß man darauf achten, daß die Muskeln nicht zu stark stimuliert werden und dadurch wiederhergestellte Fasern teilweise wieder reißen. Auch Massage kann dazu beitragen, die Rückenmuskulatur zu entspannen. Es ist schwer, mit der Hand erfolgreich zu massieren, wenn die Muskeln so groß sind, wie längs des Pferderückens; aber es gibt Apparate, die zu vergleichbaren oder überlegenen Resultaten führen. Knochenprobleme am Rücken machen lange Ruhepausen notwendig. In solchen Fällen sind die vorher erwähnten 6 Monate Stallruhe durchaus angebracht. Stellt sich dabei kein Erfolg ein, bleibt nur noch eine Operation.

Steingallen

Eine Steingalle ist eine Stelle, an der die Hufsohle gequetscht ist. Sie befindet sich etwa unter den letzten 3 cm eines der beiden Hufeisenschenkel.

Zu der Quetschung kommt es beim Zusammentreffen eines schlecht sitzenden Eisens und einer Gewichtsbelastung, die stärker auf den hinteren Huf einwirkt als auf das Zentrum des Hufs. Steingallen treten meist vorn an der inneren Trachte auf, da hierauf das meiste Gewicht ruht.

Eine Steingalle führt zu einer chronischen Lahmheit, die sich anfänglich nur schwer einordnen läßt. Der Huf fühlt sich weiterhin kühl an, und da die Stelle durch das Eisen abgedeckt ist, kann man nichts erkennen. Drückt man den entsprechenden Teil des Hufs mit der Hufzange zusammen, kann es zu einer schmerzhaften Reaktion kommen, aber eine verläßliche Diagnose ist erst zu stellen, nachdem das Eisen abgenommen wurde und die Steingalle sichtbar wird. Erst nachdem dies geschehen ist, und die oberen Schichten des Hufs entfernt sind, erkennt man die feuchte, rosa Druckstelle an der Sohle. Sofern es zu einer Entzündung gekommen ist, ersetzt Eiter (der meistens im Horn eine schwarze Färbung hat) gewöhnlich die blutige Gewebsflüssigkeit, die in einer Steingalle vorhanden ist.

Maßnahmen

Steingallen sollten als mögliche Ursache jeder chronischen Lahmheit des Hufs angesehen werden. Das Eisen, das bei der Untersuchung entfernt wurde, sollte einige Tage lang weggelassen werden, damit sich die darunterliegenden sensitiven Laminae des Hufs erholen können. Das gequetschte oder infizierte Horn ist wegzuschneiden. Durch Packungen werden die Schmerzen und die Entzündung gelindert. Das Pferd sollte mit einem gut sitzenden Eisen neu beschlagen werden, das an der betroffenen Trachte an der Bodenfläche um etwa 3 cm gekürzt ist. So wird weniger Druck auf die betroffene Stelle ausgeübt, wenn man das Pferd arbeitet.

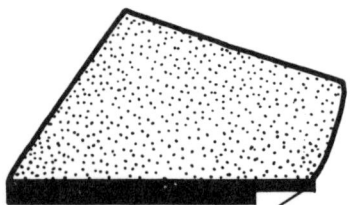

Die gewichttragende Fläche des Eisens wird an dem Schenkel weggeschnitten, an dem sich die Steingalle befindet

Beschlag eines Pferdes mit einer Steingalle

Vorsorgemaßnahmen gegen Steingallen bestehen aus einem guten Beschlagschmied und regelmäßigem Hufbeschlag. Von manchen Pferden wird behauptet, daß sie besonders zu Steingallen neigen. Meist liegt dies an der Form des Hufs, dem Beschlag oder dem Zeitabstand zwischen zwei aufeinanderfolgenden Beschlägen.

Frakturen

(Knochenbrüche)

Eine Fraktur ist ein Knochenbruch. Jeder Knochen des Körpers kann brechen, aber Beinbrüche sind wohl am häufigsten, bedingt durch die enormen Hebelwirkungen bei der Bewegung. Die deutlichsten Symptome einer Fraktur sind plötzlich einsetzender Schmerz und eine auffällige Art der Bewegung. Weigert sich ein Pferd, ein Körperteil überhaupt zu benutzen, ist möglicherweise eine Fraktur für den starken Schmerz verantwortlich. Außerdem werden bei einem Knochenbruch die zwei oder mehr Knochenfragmente häufig in unterschiedliche Richtungen gezogen, vor allem dann, wenn das Pferd das Gewicht auf den gebrochenen Knochen legt. So kann ein Knochenbruch eine ungewöhnliche Form haben. Um die Fraktur herum kann es zu Schwellungen kommen. Ein Knochen bricht nicht nach und nach, daher ist ein Krankheitsbild, das klein anfängt und sich zunehmend verschlimmert, höchstwahrscheinlich keine Fraktur.

Maßnahmen

Vom Standpunkt der Ersten Hilfe aus sollte man lieber einmal zu oft von einem Knochenbruch ausgehen als zu wenig. Das plötzliche Anschwellen an einem Knochen, verbunden mit akutem Schmerz, sollte wie eine Fraktur behandelt werden, solange die Situation unklar ist. Wesentlich ist dabei, das Bein ruhigzustellen. Die Materialien für eine »Robert-Jones-Schiene« sollten Bestandteil der Erste-Hilfe-Ausrüstung sein. Die Schiene besteht aus mindestens einer, möglichst zwei großen Rollen Verbandswatte (etwa 500 g schwer), die um das Bein gewickelt werden. Die Watte wird durch eine möglichst stramm angelegte Binde an Ort und Stelle gehalten. Die Schiene sollte angelegt werden, bevor man den Tierarzt ruft, und nicht hinterher. Es kann zu beträchtlichen zusätzlichen Schäden kommen, wenn die gebrochenen Knochen weiterhin bewegt werden und sich aneinander reiben, und sei es nur ein paar Minuten lang.

Viele Frakturen im unteren Beinbereich können heute auf chirurgischem Wege zufriedenstellend behoben werden. Frakturen oben am Bein stellen nach wie vor ein Problem dar und können die Tötung des Pferdes notwendig machen.

Hufrollenentzündung

Man sagt, Hufrolle sei die häufigste Ursache der chronischen Lahmheit beim Pferd. Oft sind beide Vorderhufe des Pferdes betroffen. Ist die Erkrankung an beiden Hufen gleich stark ausgeprägt, ist kein eindeutiges Lahmen erkennbar, und das Pferd bewegt sich lediglich mit etwas schleppenden Schritten. Häufiger geht das Pferd auf einem Bein lahm, doch ist das nur die Seite, die am stärksten schmerzt. Wird das Schmerzempfinden in diesem Huf vorübergehend ausgeschaltet, lahmt das Pferd sofort auf dem anderen Bein. Gewöhnlich gibt es keine äußeren Anzeichen für Hufrolle. Manchmal kontrahiert ein stark betroffener Huf an den Trachten. Daher sollte man beim Pferdekauf vorsichtig sein, wenn ein Huf größer oder kleiner ist als der andere. In den meisten Fällen sehen die Hufe allerdings gleich aus.

Der Huf fühlt sich weder warm an, noch sind irgendwelche Anzeichen von Schmerz zu bemerken, wenn der Huf zusammengedrückt wird oder mit dem Hammer darauf geklopft wird.

Zum Lahmen kommt es oft stufenweise. Im Anfangsstadium der Hufrolle lahmen die Pferde nur für ein paar Schritte, wenn sie nach der Ruhepause aus dem Stall gebracht werden. Andere Pferde lahmen nur an manchen Tagen. Mit fortschreitender Erkrankung lahmt das Pferd dann ständig. Hufrolle wird nach ein paar Ruhetagen scheinbar besser, um aber nach einer 30—40minütigen Ruhepause nach anstrengender Arbeit um so deutlicher sichtbar zu werden.

Zur Zeit wird viel über die Ursache der Symptome diskutiert, die wir als Hufrolle bezeichnen. Anscheinend gibt es eine ganze Reihe von Veränderungen am Huf, die die gleichen Symptome haben, aber unterschiedliche Ursachen. Die Bezeichnung Hufrollenentzündung geht darauf zurück, daß sich bei Untersuchungen erkrankter Pferde nach dem Tod Abnutzungen des Knorpelgewebes, das das Strahlbein des Pferdes bedeckt, sichtbar wurden. Röntgenbilder bestätigen die Vermutung, daß es zu Knochenveränderungen kommt. In den letzten Jahren galt die Aufmerksamkeit eher dem gesamten Huf. Vor allem die Blutversorgung spielt in diesem Zusammenhang eine Rolle. Viele der kleinen Blutgefäße im Strahlbein werden bei akuten Fällen durch zusammengeklumptes Blut verstopft, und man nimmt an, daß dies auf den geringen Blutdruck im Huf und die schlechte Durchblutung zurückzuführen ist. Messungen haben ergeben, daß sich bei akuten Fällen ein großer Teil des Bluts, das für den Huf bestimmt ist, im Kronenbereich staut und anschließend wieder am Bein hochsteigt, ohne überhaupt in den Huf gelangt zu sein, so daß es zu einem Verweilen des langsam fließenden Bluts im Huf kommt.

Die Diagnose Hufrollenentzündung ist durch eine ganze Reihe von Merkmalen gekennzeichnet. Das Pferd muß chronisch lahm gehen, wobei ein Ausschalten des Schmerzes deutlich macht, daß die Lahmheit im Huf liegt. Zusätzlich muß das Röntgenbild Veränderungen am Strahlbein des erkrankten Hufs ergeben. Die meisten dieser Veränderungen spiegeln das Bestreben wider, die Blutversorgung des Knochens zu verbessern, durch Neubildung und Umverteilung der Foramina nutricia, der Öffnungen, an denen die Blutgefäße in den Knochen eintreten, und andere Veränderungen mehr. Man kann keine sichere Diagnose aufgrund von klinischen Befunden oder ausschließlich auf Veränderungen im Röntgenbild eines ansonsten gesunden Pferdes hin stellen. Viele Pferde mit Hufrollenentzündung gehen nach einer Beugeprobe für ein paar Schritte deutlich lahm, noch bevor es zur klinischen Lahmheit kommt. Man führt diesen Test durch, indem man den Huf so hält, daß das Fesselgelenk so stark wie möglich nach hinten gebeugt wird. Nach etwa 30 Sek. läßt man den Huf los und läßt das Pferd antraben.

Ob Hufrolle erblich ist, ist strittig. Ein gehäuftes Auftreten in bestimmten Blutlinien und bei bestimmten Rassen könnte auf einen Zusammenhang mit dem Gebäude des Pferdes hinweisen. Eine lange Zehe, bei kurzer Trachte, die zu einer anomalen Krongelenk-

Hufachse führt, spielt eine bedeutende Rolle bei der Entstehung dieser Krankheit. Möglicherweise liegt es auch daran, daß bei dieser Stellung das Gewicht stärker auf die Trachten verlagert wird, die weniger fest sind, und es so zu einer Verengung der Blutgefäße kommt.

Maßnahmen

Zum Glück sind die Zeiten lange vorbei, als die Diagnose »Hufrollenentzündung« das Pferd dem Schlachter auslieferte. Der erste Schritt ist, die Hufe des betroffenen Pferdes sachgemäß ausschneiden und korrigieren zu lassen. Geschieht dies nicht, sind alle anderen Maßnahmen sinnlos. Der zweite Schritt besteht in einem angemessenen Hufbeschlag. Einige Experten sprechen sich für ein ovales Eisen aus, um die Trachten zu unterstützen. Meistens reicht ein normales Eisen, das an der Zehe etwas zurückgelegt ist, an den Trachten verlängerte Schenkel hat und mit Zehenrichtung versehen ist. Der dritte Schritt besteht darin, den Hufschmied dazu zu bringen, den Huf in dieser Form zu erhalten und in den kommenden Monaten nicht wieder in alte Gewohnheiten zurückzufallen.

Eine Behandlung, die die Durchblutung verbessert, hat sich bei Hufrehe bewährt. Anfänglich benutzte man dazu das Medikament Warfarin. Dabei erwies sich als nachteilig, daß es äußerst toxisch ist, denn es verzögert die Blutgerinnung und vergrößert damit das Risiko tödlich ausgehender Blutungen bei ganz gewöhnlichen Verletzungen. Regelmäßige Blutuntersuchungen im Abstand von 6 Wochen sind erforderlich, um sicherzugehen, wieviel von diesem Medikament ohne Risiko verabreicht werden kann. Isoxsuprin wird häufig zur Erweiterung der kleinen Blutgefäße im Huf eingesetzt. Es bewirkt, daß das Blut leichter fließt. Dieses Medikament ist nicht toxisch. Die Behandlung ist über etwa 12 Wochen durchzuführen. Beide Mittel werden oral verabreicht, und ihre Befürworter geben an, daß 60–70% der behandelten Pferde wieder gebrauchsfähig werden.

Vielleicht ist Ihnen aufgefallen, daß ich das Schmerzmittel Phenylbutazon im Zusammenhang mit der Behandlung der Hufrolle nicht erwähnt habe. Das liegt daran, daß es keinerlei Behandlungsmethode darstellt und das Krankheitsbild lediglich verschleiert. Die Pferde gehen klar, lahmen aber wieder, sobald das Mittel abgesetzt

Hufbeschlag bei Hufrollenentzündung. Wesentlich ist, daß der Huf bei Pferden mit Hufrollenentzündung sachgemäß zubereitet wird.

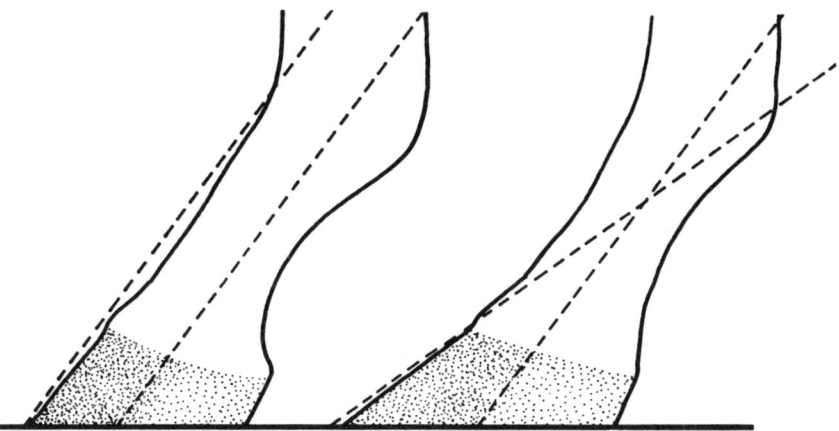

Die Krongelenk-Hufachse (Stellung des Hufs zum Fesselstand). Eine Verlängerung der vorderen Hufwand nach oben sollte parallel zu der Linie verlaufen, die mitten durch die Fessel verläuft. Ist die Zehe zu lang, überschneiden sich die beiden Linien, und das Gewicht ruht stärker auf der Trachte als auf der Hufmitte.

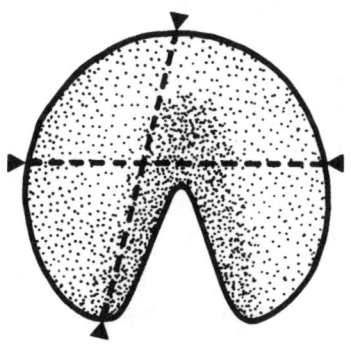

Der ausgewogene Huf. Eine Linie von der Mitte der Zehe bis zur Ecke der Trachte ist genauso lang wie eine Linie, die quer über die breiteste Stelle des Hufs verläuft.

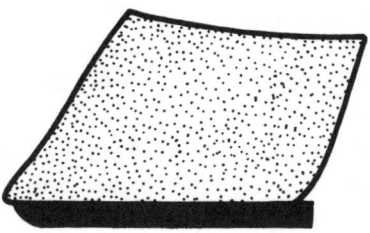

Seitenansicht eines Hufs mit einem Spezialbeschlag für Hufrolle. Beachten Sie, wie die hochgerollte Zehe leicht nach hinten versetzt ist, während die Schenkelenden des Eisens ein Stück über den Huf hinausragen.

wird. Wenn das Pferd unter der Wirkung von Phenylbutazon weiter gearbeitet wird, verschlechtert sich der Zustand weiter. Auch ein Nervenschnitt, der den Nerv durchtrennt, der den Huf versorgt und am Röhrbein nach unten verläuft, maskiert nur ein sich zunehmend verschlechterndes Krankheitsbild und führt zu keiner Besserung. Es wird empfohlen, die beiden kollateralen Bänder, die das Strahlbein an seinem Platz halten, chirurgisch zu durchtrennen, um mehr Bewegungsfreiheit zu erzielen und auch bei den Pferden eine Heilung zu erreichen, die auf eine medikamentöse Behandlung nicht angesprochen haben.

Nageltritt

Hier handelt es sich wohl um die heftigste Form der Lahmheit, aber gleichzeitig auch um die, die bei richtiger Behandlung am leichtesten zu kurieren ist. Das Pferd lahmt immer stärker, nachdem es ein oder zwei Tage zuvor, meist ohne daß sein Besitzer es weiß, auf einen scharfen Stein, Nagel oder ähnliches getreten ist. In akuten Fällen weigert sich das Pferd, seinen Huf überhaupt auf den Boden zu setzen, und wenn es dies tut, mit der Spitze, ohne daß es die Sohle flach aufsetzt. Der Huf kann sich merklich warm anfühlen, allerdings bedeutet es keine Entwarnung, wenn er etwa die gleiche Temperatur hat wie sein Gegenpart. Beim Zusammendrücken des Hufs mit der Hufzange oder dem Beklopfen mit dem Hammer äußert das Pferd an der betroffenen Stelle deutlich Schmerz.
Wichtig ist, herauszufinden, wo der Einstich erfolgt ist. Bei einer genauen Untersuchung der gereinigten Hufsohle kommt so gut wie immer eine schwarze Stelle zum Vorschein, die sich durch die Sohle nach innen fortsetzt. Wäre sie nur oberflächlich vorhanden, würde sie verschwinden, wenn man die oberflächlichen Schichten abkratzt. Ihr Hufschmid oder der Tierarzt wird dieser Spur in die Tiefe folgen und zum eigentlichen Abszeß gelangen. Der hier angesammelte Eiter sieht anders aus als bei einem Abszeß an der Haut. Er ist schwarz oder grau und nicht flüssig, sondern eher wie eine Paste. Es genügt nicht, lediglich festzustellen, daß Eiter vorhanden ist; das Loch muß verbreitert werden, und zwar so, daß der Eiter gut austreten kann.

Maßnahmen

Der Huf ist 2 × täglich mit Packungen zu behandeln, und zwar so lange, bis an zwei aufeinanderfolgenden Tagen kein Eiter mehr austritt. Am besten eignen sich Kaolin- oder Animalintex-Packungen. Kleieumschläge zeigen hier wenig Wirkung. Hört man zu früh mit den Umschlägen auf, sammelt sich erneut Eiter an, und das Pferd geht wieder lahm. Wenn man mit der Behandlung aufhört, muß dafür gesorgt werden, daß das verbreitete Loch nicht neuen Infektionserregern Einlaß bietet. Daher ist die Aushöhlung mit Watte zu verschließen, die zuvor in Hufteer oder ein Antibiotikum getaucht wurde.

Eventuell muß ein leichter Verband an der Sohle angelegt werden, damit der »Verschluß« in den ersten Wochen sitzen bleibt.

Man kann das Pferd auch einer Antibiotika-Behandlung unterziehen, um auszuschließen, daß eine mögliche Infektion in den Blutkreislauf gelangt.

Ist das Pferd innerhalb von 2–3 Tagen nicht wiederhergestellt, muß der Huf untersucht werden und geprüft werden, ob der Eiter abfließen kann. Eventuell muß der Abszeß mit Metronidazol oder Wasserstoffsuperoxyd gespült werden. Dauert das Lahmen fort, ist der Huf zu röntgen, um festzustellen, ob Fremdkörper eingedrungen sind.

Hornspalt

Ein Hornspalt ist ein vertikal verlaufender Riß in den äußeren Schichten des Hufs. Er kann unten an der Tragfläche des Hufs anfangen und nach oben in Richtung Krone verlaufen, oder aber an der Krone beginnen und sich nach unten fortsetzen. Im ersteren Fall wird er gewöhnlich durch die Gewichtsbelastung auf einem zu lang nachgewachsenen Huf oder durch schlechte Hornqualität verursacht. Geht der Hornspalt von der Krone aus, ist er meistens durch eine Verletzung der Krone bedingt, bei der das hornbildende Gewebe beschädigt wurde.

Bei vielen Hornspalten lahmt das Pferd nicht. Je tiefer der Spalt ist und je länger er besteht, desto größer ist die Wahrscheinlichkeit, daß die Hufwand geschwächt ist und bei Gewichtsbelastung insta-

bil wird. Ein ungewohnter Druck wirkt dann auf die darunterliegende sensitive Schicht ein, und das Pferd empfindet Schmerz.
Nistet sich eine Infektion in dem Spalt ein – was dadurch gefördert
wird, daß die inneren Hornschichten nicht wasserabweisend sind
und durch Feuchtigkeit aufgeweicht werden –, kann das Pferd
lahm gehen.

Maßnahmen

Der Spalt muß entlastet werden, wenn er nicht durch die Gewichtsbelastung weiterreißen soll. Kerben im Huf, die entweder horizontal an der Spitze des Hornspalts oder vertikal an jeder Seite des
Spalts angebracht werden, verhindern ein Weiterreißen, indem
sie die Schubkraft in der Hornwand verteilen. Leider werden diese
Kerben oft nicht tief genug angebracht und bleiben wirkungslos.
Die Kerbe muß mindestens so tief sein wie der Spalt, den man mit
ihr entlastet. Horizontal eingeschlagene Nägel tragen dazu bei, den
Riß zu stabilisieren. Ein gut angepaßtes Eisen, mit einem Aufzug an
jeder Seite des Spalts, bietet beträchtlichen Halt.
Alles infizierte Horn muß aus der Tiefe des Spalts herausgeschnit-
ten werden. Große Spalten können anschließend mit einer synthetischen Hornpaste ausgefüllt werden. Auf jeden Fall sollten die Hufe
nie zu lang belassen werden, denn dies begünstigt die Entstehung
von Rissen. Wenn man vermutet, daß eine schlechte Hornqualität
eine Rolle spielt, sollte ein Methionin- oder Biotinzusatz gefüttert
werden, denn diese Stoffe sollen die Verbindung zwischen den
Hornröhrchen stärken.

Schienbeinentzündung

Obwohl meist junge, unreife Vollblüter im Training oft mit Schien-
beinentzündung Probleme haben, tritt sie auch bei anderen Pferdetypen und in anderen Altersstufen auf. Wie der Name schon sagt,
entzündet sich der noch nicht voll ausgereifte Knochen an der
Vorderseite des Röhrbeins durch wiederholte Erschütterungen bei
der Arbeit. Das Schienbein fühlt sich dabei deutlich warm an. Auch
wenn das Pferd nicht eindeutig lahm geht, so ist sein Schritt doch
deutlich verkürzt.

Maßnahmen

Das Pferd muß so lange geschont werden, bis die Beschwerden verschwunden sind. In schweren Fällen kann man den Knochen mit einer pulsierenden Elektromagnettherapie zur Ruhe bringen. Als Alternative bietet sich ein Bepinseln des betroffenen Schienbeins mit einer Kortison/DMSO(Dimethylsulfoxyd)-Lösung an, um die Entzündung zu bekämpfen.

Spat

Spat ist eine Entzündung der unteren Sprunggelenke. Hierbei handelt es sich um Gelenke, die mit der normalen Bewegung des Sprunggelenks nichts zu tun haben, sich zwischen den kleinen Knochen des Sprunggelenks befinden und seine stoßdämpfende Eigenschaft verstärken. Wie die meisten Formen der Arthritis, tritt Spat gewöhnlich bei älteren Pferden auf. Oft ist nur ein Bein betroffen. Die Lahmheit entwickelt sich langsam und wird zu Zeiten starker Beanspruchung deutlicher. Ein Pferd kann Spat haben, ohne daß eine äußere Veränderung am Sprunggelenk sichtbar ist. Die Knochenauftreibung an der Innenseite der Sprunggelenke der Arbeitspferde ist heute nur noch selten zu sehen, da man das Krankheitsbild heute nicht so weit fortschreiten läßt. Andererseits ist es möglich, daß es zu deutlichen Knochenveränderungen kommt, bevor das Pferd eindeutig lahmt.
Die klassische Art, Spat zu diagnostizieren, ist die Spatprobe. Sie besteht darin, das Hinterbein so anzuheben, daß es 1–2 Minuten lang voll angebeugt ist. Anschließend läßt man los und läßt antraben. Lahmt das Pferd nach diesem Test stärker bzw. lahmt es bei den ersten Schritten, obwohl es vorher gesund zu sein schien, so ist das Ergebnis positiv. Man sollte sich jedoch dessen bewußt sein, daß auch andere Krankheitsbilder ein positives Ergebnis dieses Tests hervorrufen können, denn es werden andere Teile des Beins gleichzeitig mit angebeugt. Bestätigt wird die Diagnose Spat durch das Röntgenbild, das die Veränderungen am Knochen, einschließlich der Bildung neuer Knochenmasse an den Rändern der Gelenke, zeigt.

Maßnahmen

Ohne Belastung kann sich ein Pferd erholen, aber das Lahmen kommt wieder, sobald das Pferd wieder gearbeitet wird. Phenylbutazon behebt in den meisten Fällen den Schmerz, kann die Erkrankung aber nicht wirklich heilen. Sowohl der Schmerz wie auch das Lahmen verschwinden, wenn genügend neue Knochenmasse entsteht, um die betroffenen Gelenke vollständig miteinander zu verschmelzen.

Daher besteht die beste Maßnahme darin, das Pferd etwa 5–6 Monate lang leicht zu arbeiten, in der Hoffnung, dadurch neues Knochenwachstum anzuregen und so eine Fusion der Gelenke zu erreichen. Während dieser Zeit kann man das Pferd mit Hilfe von Phenylbutazon beschwerdefrei halten. Pferde mit Spat schieben das betroffene Bein weiter unter den Körper als normal. Hierdurch wird das Gelenk noch stärker belastet und der Schmerz verstärkt. Ein Spezialeisen mit einer kurzen Verlängerung, die an der Außenseite des Schenkels herausragt, soll das Pferd veranlassen, das Bein normal zu benutzen und das Sprunggelenk durch die abnorme Aktion nicht zusätzlich zu belasten.

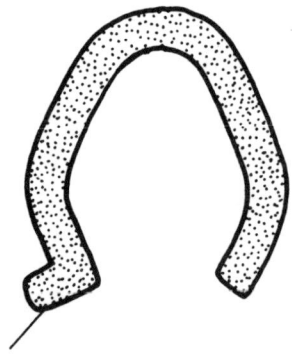

Spateisen   Erweiterung am äußeren Schenkelende des Eisens

Es ist erstaunlich, wieviel solch ein Beschlag bewirkt. Das Pferd muß langfristig mit einem derartigen Beschlag versehen werden. Wenn sich der Befund nicht ändert und das Pferd weiterhin lahm geht, können die Gelenke chirurgisch miteinander fusioniert werden. Danach hat ein Großteil der Pferde keine Beschwerden mehr.

Ein Hufschmied mit speziellen Kenntnissen kann hier oft besser helfen als ein Tierarzt.

Überbeine

Ein Überbein ist ein Stück neugebildeten Knochens, das irgendwo an der Verbindung zwischen Griffelbeinen und Röhrbein entsteht. Überbeine können an beiden Seiten des Beins auftreten (denn an jeder Seite befindet sich ein Griffelbein), und zwar an den Vorder- und an den Hinterbeinen. Man sieht sie sehr häufig, tatsächlich haben die meisten Pferde mindestens ein Überbein. Langfristig gesehen verursachen sie so gut wie nie Lahmheiten, obwohl dies vor oder während ihrer Entstehung durchaus der Fall sein kann.

Man nimmt an, daß Überbeine den Versuch des Pferdekörpers widerspiegeln, die Röhrbeinwand zu stabilisieren, in dem Bereich, in dem ein unausgereifter oder überanstrengter Knochen Schwächen aufweist. Zur Bildung von Überbeinen kommt es meist dann, wenn junge Pferde erstmalig gearbeitet werden, sie können aber auch in jeder anderen Altersstufe auftreten, wenn die Umstände entsprechend sind. Weitere auslösende Faktoren können ein Tritt oder ein Schlag sein, aber auch ein mangelhaftes Gebäude, durch das das Gewicht mehr auf einer Seite lastet als auf der anderen.

Das neue Knochengewebe wird durch das Periost oder die Kno-

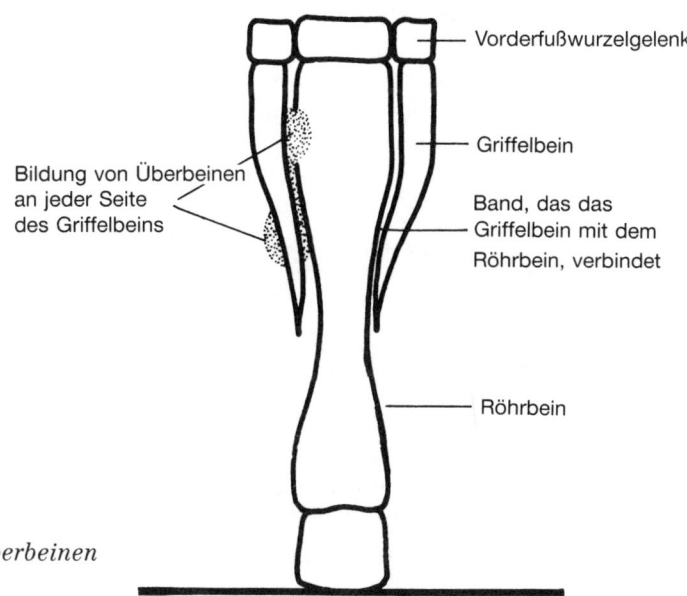

Bildung von Überbeinen
an jeder Seite
des Griffelbeins

Vorderfußwurzelgelenk

Griffelbein

Band, das das
Griffelbein mit dem
Röhrbein, verbindet

Röhrbein

Bildung von Überbeinen
beim Pferd

chenhaut des Röhrbeins gebildet. Die anfängliche Schwellung besteht zum großen Teil aus Fasergewebe, das dann verknöchert. Wenn davon die Rede ist, daß ein Überbein kleiner geworden ist, dann bedeutet das nicht, daß der Knochen sich zurückgebildet hat, sondern daß nicht das gesamte, ursprünglich fibröse Material verknöchert ist. Manchmal kommt es ohne jeden Schmerz zur Bildung recht großer Überbeine. In anderen Fällen kann die Entstehung sehr kleiner Überbeine äußerst schmerzhaft sein.

Will man feststellen, ob ein Überbein Lahmheit verursacht, drückt man fest darauf, um zu sehen, ob das Pferd mit Schmerz reagiert. Das Lahmen sollte verschwinden, wenn man ein Lokalanästhetikum rund um das Überbein herum einspritzt. Oft ist das Gewebe an der Stelle, an der sich ein Überbein bildet, heiß und geschwollen.

Maßnahmen

Kälteanwendungen, z. B. Eispackungen, lindern den Schmerz und beruhigen die entzündlichen Vorgänge, die mit der Entstehung von Überbeinen einhergehen. Kortison-Einspritzungen in die Umgebung bzw. das Bepinseln mit Kortison-DMSO stellen ebenfalls übliche Behandlungsmaßnahmen dar. Chronisch schmerzhafte Überbeine sprechen auch manchmal auf eine pulsierende Elektromagnettherapie an, und es kommt dann zu einer normalen Knochenbildung. Hält der Schmerz länger als 10–14 Tage an, sollte das Bein geröntgt werden, um eine (möglicherweise unvollständige) Fraktur des Röhrbeins auszuschließen.

Kniegelenkserkrankungen

Das Kniegelenk des Pferdes entspricht im wesentlichen unserem Knie. Folglich ist es ein recht kompliziertes Gelenk. Dies liegt an der Bewegung der Kniescheibe oder Patella. Beim Pferd kommt komplizierend hinzu, daß es seine Hinterbeine feststellen können muß, um im Schlafen stehen zu können. Es macht das, indem es das Kniegelenk blockiert. Dabei hakt sich die Kniescheibe über einen Knochenvorsprung unten am Femur und verhindert so jegliche Bewegung.

Normalerweise kommt es hierzu nur, wenn das Pferd tatsächlich ruht; es kommt aber auch vor, daß die Kniescheibe in dieser Position festgeklemmt ist. Ist das Pferd nicht in der Lage, die Kniescheibe von dem Vorsprung zu lösen, bleibt das Bein vollständig gerade. Bei einem solchen Pferd sagt man »die Kniescheibe blockiert«. Wenn das Pferd überhaupt noch laufen kann, so zieht es das steife Bein hinter sich her. Häufiger sieht man, daß sich die Kniescheibe am Ende jeden Trittes kurz verfängt, und zwar dann, wenn das Bein hinter dem Körper gestreckt ist.

Während das Bein nach vorn gezogen wird, befreit es sich plötzlich, und es kommt zu einem Ruck in der Bewegung. Eine solche vorübergehende Kniescheibenverhaltung sieht man vor allem dann, wenn das Pferd um die Ecke geht und das betroffene Bein außen ist. Es kann auch dazu kommen, wenn das Pferd aus dem Stand antrabt.

Gewöhnlich erkrankt nur eine Seite, denn die Hauptursache dieses Problems ist eine Verletzung der Bänder, die die Kniescheibe regulieren. Die Verletzung kann sich im Stall ergeben, z. B. dadurch, daß das Pferd gegen die Wand schlägt oder draußen bei der Arbeit. Bei einigen Pferden vermutet man, daß sie genetisch für diese Erkrankung prädisponiert sind, weil die Bänder, die von der Kniescheibe ausgehen, nicht exakt an der günstigsten Stelle unter dem Kniegelenk am Knochen angeheftet sind. Ist ein Pferd oder Pony in einer schlechten körperlichen Verfassung, können sich die Bänder etwas verkürzen, was dann ausreicht, um ein Blockieren der Kniescheibe auszulösen. Das Kniegelenk schwillt dabei nicht an und ist auch nicht warm. Nur wenn das Pferd sich bewegt, merkt man, daß etwas nicht stimmt. Bei jungen Vollblütern und verwandten Pferdetypen kann es zur Ausbildung einer knöchernen Zyste im Kniegelenk kommen, wenn das Pferd hart trainiert wird, solange der Knochen noch nicht voll ausgereift ist. Hierbei kann Lahmheit auftreten. Außerdem gibt es noch die Kniegelenksentzündung (Gonitis). Dabei kommt es zum plötzlichen Lahmen, wobei die Gelenkkapsel deutlich mit Flüssigkeit angefüllt ist. Das kranke Kniegelenk ist in der Regel geschwollen und schmerzhaft, und der Schmerz wird stärker, wenn das Gelenk gebeugt wird. Gelenkentzündungen sind immer eine ernste Erkrankung.

Einige Kniegelenkslahmheiten reagieren positiv auf den Spattest, was die Diagnostik erschwert.

Maßnahmen

Blockiert die Kniescheibe Ihres Pferdes, während sie draußen reiten, steigen Sie ab und geben Sie dem Pferd die Möglichkeit, sich zu entspannen. Ein sanftes Reiben kann die Kniescheibe eventuell lösen, so daß das Pferd sich anschließend wieder bewegen kann. Läßt sich die Blockierung nicht lösen, sorgen sie dafür, daß das Pferd zum Stall transportiert wird, und rufen Sie den Tierarzt. Das Pferd braucht Ruhe und entzündungshemmende Mittel, damit sich die Bänder möglichst normalisieren können.

In manchen Fällen wiederholt sich dieser Zustand immer wieder. Ein chirurgischer Eingriff ist dann die einzige Möglichkeit der Behandlung. Das Band, das die Kniescheibe in der blockierten Stellung hält, wird chirurgisch durchtrennt. Anschließend läßt man es heilen. Die dabei entstehende Narbe zwischen den durchtrennten Enden verlängert das Band und verhindert, daß das Problem erneut entsteht.

Sehnenzerrung

Wenn von einer Sehnenzerrung gesprochen wird, meint man die Sehnen, die an der Rückseite des Röhrbeins abwärts verlaufen, die oberflächliche und die tiefe Beugesehne. Eine Zerrung des Bandes direkt hinter dem unteren Röhrbein weist ähnliche Symptome auf. Meistens sind es die Sehnen der Vorderbeine, die erkranken, denn sie werden beim Galoppieren und Springen am stärksten belastet. Eine Zerrung entsteht gewöhnlich während der Arbeit durch einen plötzlichen Ruck an den Sehnenfasern, der ihr Dehnungsvermögen überfordert und sie reißen läßt. Klassische Anzeichen einer solchen Verletzung sind Wärme, Schwellung und Schmerz. Der Schmerz stellt sich unmittelbar nach der Verletzung ein, während es einige Stunden dauern kann, bis sich die Wärme und die Schwellung voll ausgebildet haben. Da man inzwischen in der Lage ist, mit Hilfe eines Ultraschallgerätes das Innere der Sehne zu sehen, weiß man, daß die Intensität von Schmerz, Wärme und Schwellung nicht unbedingt über das Ausmaß des Sehnenschadens Aufschluß gibt. Sogar bei akuten Fällen verschwinden die Wärme und ein Großteil der Schwellung innerhalb von 2–3 Wochen. Zurück bleibt eine

Sehne, die bis zu zweimal so dick sein kann wie ihr ursprünglicher Querschnitt. Mit der Zeit geht das Pferd – zuerst im Schritt und dann im Trab – wieder normal. Wenn es aber zu früh gearbeitet wird, schwillt das Bein wieder so stark an wie vorher. Manchmal ist die Sehne so stark verletzt, daß sie ganz durchreißt. Ist dies der Fall, kommt zu den üblichen Symptomen noch hinzu, daß die Fessel bis auf den Boden herabsinkt.

Die üblichen Stellen
einer Sehnenzerrung

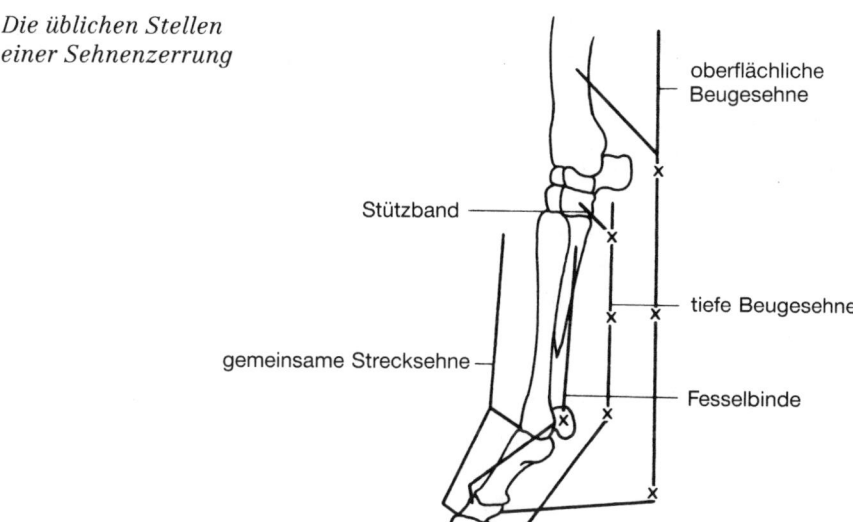

oberflächliche
Beugesehne

Stützband

tiefe Beugesehne

gemeinsame Strecksehne

Fesselbinde

Maßnahmen

Trotz des plötzlichen Auftretens einer Sehnenzerrung und der deutlichen Symptome denken Pferdehalter nur selten an einen Notfall. Tierärztliche Hilfe ist sofort zu holen, nicht erst dann, wenn die Zerrung schon einige Wochen besteht. Durch das Verabreichen von Kortison und Diuretika kann man von vornherein einen Groß-teil der Schwellung verhindern und weitgehend vermeiden, daß es zu Verwachsungen zwischen Haut, Sehnenscheide und Sehne kommt. Kälte ist von größter Wichtigkeit, wenn bei einer Sehnen-zerrung Erste Hilfe geleistet wird; denn durch Kälte wird die Durchblutung der Umgebung vermindert, denn es ist das Blut, das die entzündliche Reaktion hervorruft. Die Eispackungen sind alle paar Stunden zu erneuern; denn es ist erstaunlich, wie schnell sie durch die Zerrung warm werden. Pakete mit gefrorenen Erbsen eignen sich oft besser für eine Eispackung als Eisstücke aus dem Kühlschrank. Man kann auch fertige Packungen und gefrorene Bandagen bekommen. Gleichzeitig begrenzt ein fester Stützverband das Ausmaß der Schwellung. Doch muß darauf geachtet werden, daß Sehnen nicht zu stramm bandagiert werden. Auch gesunde Sehnen können durch zu stramme Bandagen Schaden erleiden.

Zu Anfang, wenn sich die entzündliche Reaktion einstellt, kann man die Schwellung durch Lasertherapie begrenzen. Doch sollte man daran denken, daß der eigentliche Heilungsprozeß in der Sehne noch stattfinden muß und das Pferd nicht deshalb wieder einsatzfähig ist, weil die Schwellung nach der Behandlung abgeklungen ist.

Wissenschaftlichen Studien zufolge begünstigt Blistern oder Erhitzen der Sehnen den Heilungsprozeß keineswegs, sondern verzögert ihn sogar. Immer ist Ruhe von größter Wichtigkeit. In den ersten Wochen, solange die Sehne warm ist, ist strikte Stallruhe einzuhalten.

Danach kann das Pferd 2 x täglich an der Hand 10–15 Minuten lang geführt werden. Die Zeitspanne, in der das Pferd ausfällt, liegt zwischen drei Wochen, wenn die Sehne lediglich warm ist; bis zu 9–12 Monaten, wenn die Sehne sehr warm und geschwollen ist und das Pferd sogar im Schritt lahmt. Ultraschalluntersuchungen geben an, wann die Sehne vollständig verheilt ist und das Pferd wieder belastet werden kann.

Sprunggelenksgalle

Die Sprunggelenksgalle ist eine Sehnenscheidenentzündung der Scheide der tiefen Beugesehne direkt über dem Sprunggelenk.

Man erkennt sie an einer kalten, schmerzfreien Schwellung direkt unter der Achillessehne über dem Sprunggelenk. Sie geht nicht mit Lahmen einher, obwohl man annimmt, daß sie die Reaktion auf ein wiederholtes Trauma ist, bei dem möglicherweise auch Gebäudemängel eine Rolle spielt. Bei Bewegung geht die Schwellung etwas zurück.

Maßnahmen

Maßnahmen sind nicht erforderlich, denn es handelt sich lediglich um einen Schönheitsfehler. Durch Bandagieren während der Ruhezeiten läßt sich die Schwellung begrenzen. Durch Herausziehen der Flüssigkeit und Kortisoneinspritzungen in die Sehnenscheide kann vorübergehend Besserung eintreten.

Strahlfäule

Strahlfäule ist eine Infektion des Horns. In erster Linie ist das weichere Horn des Strahls betroffen, aber es können auch andere Teile des Hufs in Mitleidenschaft gezogen sein. Das Horn wird schwarz und riecht faulig. Es wird durch die Infektion so sehr zersetzt, daß es ein feuchtes und schleimiges Aussehen bekommt. Besonders dann, wenn die Infektion tief in die Spalten seitlich des Strahls eindringt, kann es zum Lahmen kommen.
Die Strahlfäule kann sich leicht entwickeln, wenn das Hufhorn ständig durch Wasser oder Urin aufgeweicht wird. Folglich sieht man sie häufig bei Pferden, die in schmutzigen Ställen oder auf einer feuchten Einstreu gehalten werden, oder bei Pferden, die draußen tief im Morast stehen. Da sie durch die äußeren Umstände verursacht wird, kann Strahlfäule an mehr als einem Huf gleichzeitig auftreten.

Maßnahmen

Als erstes ist die Hygiene zu verbessern, damit das Hufhorn abtrocknen und weiterhin trocken und gesund bleiben kann. Alles kranke Horn ist wegzuschneiden. Verdünnte Formalinlösung stellt ein gutes Mittel zur Behandlung dar, sie härtet das Horn und tötet gleichzeitig die Infektion ab.

Angelaufene Beine (Windgallen)

Bei angelaufenen Beinen kommt es zu Schwellungen direkt über dem Fesselgelenk hinten am Röhrbein, die mit Flüssigkeit gefüllt sind. Gewöhnlich sind beide Beine gleichzeitig betroffen. Die

Schwellung ist weder schmerzhaft noch warm, und das Pferd geht nicht lahm. Sie wird bei Stallruhe größer und nimmt ab, wenn das Pferd gearbeitet wird. Angelaufene Beine entstehen im wesentlichen durch eine partielle Ausdehnung der Kapsel des Fesselgelenks, folglich handelt es sich bei der Flüssigkeit um Gelenkflüssigkeit.

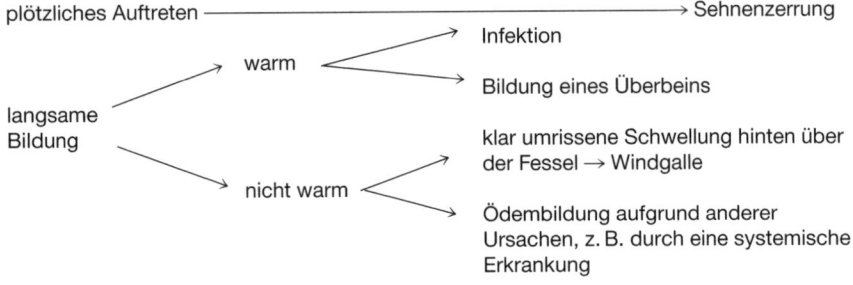

Mögliche Ursachen einer Schwellung am Röhrbein

Maßnahmen

Obwohl es bei einigen Pferden zu ausgedehnten Schwellungen kommt, sind eigentlich keine Maßnahmen erforderlich, denn es handelt sich nur um einen Schönheitsfehler. Druckverbände können die Größe der Schwellung begrenzen. Durch das Herausziehen der Flüssigkeit und Kortisoneinspritzungen kann vorübergehend Besserung erzielt werden.

7

DAS NERVEN-SYSTEM

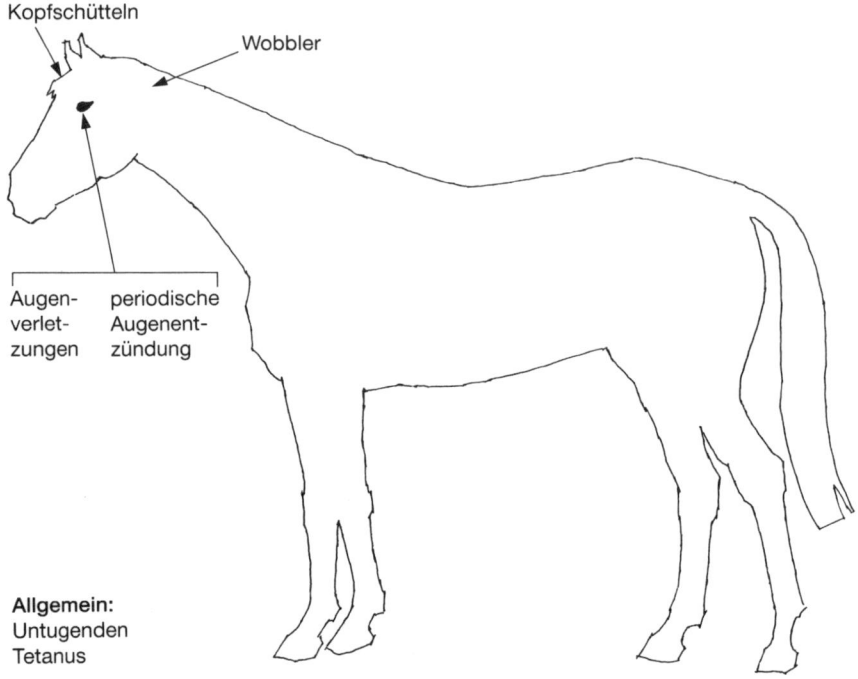

Kopfschütteln

Wobbler

Augen-
verlet-
zungen

periodische
Augenent-
zündung

Allgemein:
Untugenden
Tetanus

Obwohl wir von dem Nervensystem sprechen, gibt es in Wirklichkeit zwei voneinander unabhängige Systeme. Da ist zunächst das System, an das wir gewöhnlich denken, das die bewußte Bewegung kontrolliert; außerdem ist da ein zweites System, das unbewußte Vorgänge, wie das Schlagen des Herzens, bestimmt. Es ist das sogenannte autonome Nervensystem. Beide werden vom zentralen Nervensystem kontrolliert, das aus dem Gehirn und dem Rückenmark besteht.

Das Nervensystem arbeitet getrennt in der rechten und linken Körperhälfte. So wirkt sich eine Verletzung eines Teils des zentralen Nervensystems vorrangig auf Teile der gleichen Körperhälfte aus. Im Gehirn sind all diese Impulse zu einem Ganzen koordiniert. In der Praxis kann das z. B. bedeuten, daß ein Pferd, das sich an Vorgänge wie das Putzen einer Körperseite gewöhnt hat, an der anderen Seite so reagiert, als wäre es noch nie geputzt worden: Das heißt, es überträgt die Information nicht, daß diese Handlung keine Schmerzen verursacht hat und nicht beunruhigend ist.

Was das Thema Ausbildung betrifft, sollte man daran denken, daß das Pferd kein moralisches Bewußtsein hat. Es kann nicht unterscheiden zwischen einer guten Lektion und einer schlechten Angewohnheit. Wenn Sie also unerwünschtes Verhalten durchgehen lassen, während Sie das Pferd ausbilden, prägt sich dieses unerwünschte Verhalten genauso fest ein, wie die Lektion selbst.

Daß uns das Nervensystem nur allzugut vertraut ist, liegt daran, daß es für das Empfinden von Schmerz verantwortlich ist. Das Pferd verfügt über einen angeborenen Reflex, der es ausschlagen läßt, sobald z. B. ein Bein verletzt wird. Mit der Domestizierung schwächt sich dieser Reflex ab, aber im wesentlichen ist er nach wie vor vorhanden.

Der Körper verfügt über eigene Mechanismen, mit Schmerzen fertig zu werden. Er produziert seine eigenen Schmerzmittel, wenn die Überlebenschance dadurch erhöht wird, daß kein Schmerz empfunden wird. Verletzt sich z. B. ein galoppierendes Pferd, gibt sein Körper so viel von einem natürlichen morphiumähnlichen Stoff – dem Endorphin – ab, um den Schmerz auszuschalten, bis die vermeintliche Gefahr vorbei ist. Wenn wir einem Pferd eine Bremse anlegen, wird ebenfalls die Ausschüttung von Endorphin stimuliert und der Schmerz betäubt.

Abgesehen davon, daß sie Impulse zum zentralen Nervensystem leiten, leiten die Nerven auch Impulse zu den Muskeln und teilen ihnen auf diese Weise mit, wann sie sich zusammenziehen müssen. Werden diese Impulse nicht von dem zuständigen Nerv übertragen, weil er möglicherweise verletzt ist, bleibt der Muskel schlaff und zieht sich überhaupt nicht zusammen. Dies bezeichnet man als Lähmung. Ein gelähmter Muskel ist nicht selbst verändert, die Ursache liegt beim Nervensystem. Wenn wir den Muskel nämlich künstlich stimulieren, zieht er sich zusammen. Bisweilen wird Induktionselektrizität eingesetzt, um solche gelähmte Muskeln künstlich zu stimulieren und zu verhindern, daß sie sich aufgrund mangelnder Benutzung zurückbilden, während ein verletzter Nerv ausheilt.

Nervenverletzungen heilen sehr langsam, doch ist eine völlige Wiederherstellung möglich. So heilt z. B. ein Nervenschnitt, der vorgenommen wird, um die Lahmheit eines Pferdes mit Hufrollenentzündung zu beheben, im Verlauf von 2 bis 3 Jahren weitgehend aus, und das Gefühl kehrt in den Huf zurück. Wird ein Nerv durch dauernden Druck geschädigt, so wie das beim Wobbler-Syndrom der Fall ist, kann er nie heilen.

Augenverletzungen

Pferde haben relativ selten Verletzungen an den Augen.
Dies leuchtet jedem ein, der schon einmal versucht hat, ein Pferde-
auge aufzuhalten. Die Muskulatur rund um das Auge reagiert sehr
schnell und stark bei jeder Gefährdung, wobei das Auge fest zuge-
drückt wird. Gelegentlich kommt es zu Infektionen im Auge, die von
einem klaren oder trüben Ausfluß begleitet sind und eine Entzündung der rosa Augenschleimhäute hervorrufen.
Das zweithäufigste Problem ist das Eindringen eines Fremdkörpers
in das Auge. Wie schon gesagt, ist es sehr schwierig, einen solchen
Fremdkörper ausfindig zu machen, ohne das Pferd mit Hilfe eines
Lokalanästhetikums daran zu hindern, die Augen zuzukneifen.
Wenn Hafer gefüttert wird, kann leicht eine Spelze in das Auge
gelangen und sich so auf der Augenoberfläche oder Hornhaut
anheften, daß sie mit bloßem Auge kaum zu erkennen ist, das Auge
aber stark reizt.

Maßnahmen

Reibt sich das Pferd an den Augen, oder hat es einen deutlich
erkennbaren Ausfluß, sind die Augen, so gut es geht, mit abgekoch-
tem, gekühltem Wasser und etwas Watte zu reinigen. Nehmen Sie
dabei reichlich Wasser, damit das Auge gründlich gewaschen wird.
Bessert sich der Zustand danach nicht, ist der Tierarzt zu rufen,
denn die Augen sind zu kostbar, als daß man hier mit Hausmitteln
experimentieren dürfte.

Graskrankheit

Bei der Graskrankheit handelt es sich um eine Erkrankung des
Nervensystems, wenn die Symptome auch oft zunächst auf eine
Erkrankung des Verdauungstrakts schließen lassen. Bei der chronischen Form dieser Erkrankung bemerkt der Pferdehalter als
erstes einen Konditionsverlust, zu dem es immer kommt, so sehr
man sich auch bemüht, das Pferd aufzupäppeln. Nach und nach

entwickelt sich ein Muskelzucken am ganzen Körper, vor allem aber am Hals und an den Schultern. Beim typischen Verlauf weigert sich das Pferd bald darauf zu schlucken, nimmt zunächst kein festes Futter und dann auch kein Wasser mehr auf. Zu diesem Zeitpunkt macht das Pferd einen sehr abgeschlagenen Eindruck und steht mit hängendem Kopf über seiner Krippe.

Es hat offensichtlich starke Schmerzen. Bei manchen Pferden fließt ein grüner Ausfluß aus den Nüstern. Schließlich tritt der Tod ein.

Diese chronische Form der Erkrankung kann vom Beginn bis zum elenden Ende Wochen und Monate dauern. In anderen Fällen verläuft sie sehr viel schneller; in akuten Fällen kann der Tod nach 2–3 Tagen eintreten.

Die Ursache ist nervöser Art. Die Ganglien oder Kontrollzentren der Nerven, die für den Verdauungsapparat zuständig sind, degenerieren und führen eine Lähmung der Körperteile herbei, die von diesen Nerven versorgt werden. So zeigen Post-Mortem-Untersuchungen, daß der gesamte Verdauungstrakt zum Stillstand gekommen war. Der grüne Nasenausfluß ist Mageninhalt, der, was für ein Pferd höchst ungewöhnlich ist, aus dem Magen die Speiseröhre hinaufsteigt. Diese Krankheit scheint ansteckend zu sein, denn sobald ein Pferd aus dem Bestand erkrankt, folgen gewöhnlich andere nach (obwohl manchmal Monate und Jahre dazwischenliegen). Ein langsam wachsender Virustyp kommt als Verursacher wohl als erstes in Frage; doch bis heute hat man, trotz aller Bemühungen, den Erreger nicht herausfinden können.

Diese Krankheit wurde zuerst in Schottland bekannt, hat sich anschließend langsam auf den Rest der britischen Insel ausgedehnt und tritt vor allem an der Ostküste, aber auch auf dem europäischen Festland auf. Berichten zufolge tritt die Krankheit so gut wie immer zuerst bei Pferden auf, die auf einer Dauerweide laufen. Gehäuft kommt es zu Fällen im Frühjahr und in den Küstengebieten. Beim Auftreten dieser Krankheit ist so gut wie immer irgendein Streßfaktor beteiligt, wie z. B. der Transport der Pferde zu anderen Weideflächen.

Maßnahmen

Die Graskrankheit endet immer tödlich. Wir verfügen über keine Behandlungsmöglichkeit, die es rechtfertigen würde, das Tier dieser Krankheit auszusetzen, in der Hoffnung, daß ein Wunder geschieht und das Pferd überlebt. Im Interesse des Pferdes muß die Diagnose so schnell wie möglich abgeklärt werden, so daß das Pferd notfalls sofort getötet werden kann. Hierbei müssen natürlich alle anderen möglichen Ursachen einer Kolik auszuschließen sein. Soweit die dazu nötige Spezialausrüstung zur Verfügung steht, kann man mit Hilfe eines Barium-Tests eine präzise Diagnose stellen.

Kopfschlagen

Jedes Pferd schlägt ab und zu mit dem Kopf, ohne daß dies ein Grund zur Beunruhigung wäre. Wenn wir den Begriff »Kopfschlagen« in seinem veterinärmedizinischen Sinne gebrauchen, ist ein unkontrollierbares Schlagen mit dem Kopf gemeint – gewöhnlich nach oben und nach unten –, das bei gerittenen Pferden auftritt. Die Bewegung kann so heftig erfolgen, daß der Kopf des Pferdes den Reiter entweder trifft oder aber der Reiter vom Pferd fällt, wenn er für einen Moment nicht achtgibt. Zu diesem Problem kommt es meist plötzlich, sozusagen über Nacht. Ist es bei einem Pferd einmal dazu gekommen, gewöhnt es sich das Kopfschlagen zeit seines Lebens nicht mehr ab. Einziger Trost dabei ist, daß die Symptome in den Wintermonaten nicht auftreten.

Man hat schon mehr als 100 Erkrankungen mit der Ursache des Kopfschlagens im Einzelfall in Verbindung gebracht, einschließlich Erkrankungen der Zähne, Ohrenmilben und Kehlsackerkrankungen. Es bleibt jedoch eine Anzahl von Fällen übrig, bei denen das Kopfschlagen nach wie vor keine erkenntliche Ursache hat. Da es nur im Sommer dazu kommt und bei feucht-warmen Wetter am stärksten ist, wenn besonders viele Fliegen da sind, hat man das Kopfschlagen auch mit Fliegen in Verbindung gebracht. Manchmal tritt das Problem an Wiesenrändern, an denen sich die Fliegen sammeln, auch tatsächlich stärker auf als z. B. auf einer windigen, freien Fläche. Wie die Fliegen das Problem gegebenenfalls auslösen, hat man bisher nicht herausgefunden.

Maßnahmen

Zunächst sind alle bekannten Ursachen für dieses Problem auszuschließen. Daher lasse man Zähne, Ohren und Augen des Pferdes untersuchen. Das Anbringen eines Fliegenschutzes an der Stirn tut gute Dienste. Auch sollte man vermeiden, über Feldwege oder an Hecken entlang zu reiten. Wenn nichts hilft, muß man sich notfalls darauf beschränken, das Pferd im Winter zu reiten.

Periodische Augenentzündung

So wie der Name schon sagt, handelt es sich hier um eine zeitweilig auftretende Erkrankung des Auges. Man nennt sie bisweilen auch Mondblindheit, weil die Hornhaut weiß und trüb wird und weil die Symptome – ähnlich wie die Phasen des Mondes – in monatlichem Rhythmus kommen und gehen. Der dritte und wissenschaftliche Name dieser Erkrankung ist »Periodische Uveitis«. Auch dieser Name bedeutet, daß der Zustand kommt und geht. Außerdem zeigt er an, daß der Bereich des Auges hauptsächlich betroffen ist, der aus Pupille und Iris gebildet wird. Während eines Krankheitsschubs kann nur ein Auge, oder auch beide, betroffen sein. Es kommt zu einer Verengung der Pupille, die ihrerseits Probleme mit der Augenflüssigkeit der vorderen Augenkammer nach sich zieht. Dabei kann das ganze Auge entzündet sein, wobei die Hornhaut trüb wird, Sekret abgesondert wird und die Lider anschwellen.
Der Verursacher dieses Zustands ist nicht genau bekannt. In einigen Fällen wurde er mit einer Leptospirose-Infektion in Verbindung gebracht. Bei anderen glaubte man einen Zusammenhang mit einem Onchozerka-Befall zu erkennen. In vielen Fällen sind keine Zusammenhänge erkennbar. Es hat den Anschein, daß das zugrundeliegende Problem eine Art von Überempfindlichkeit ist, die das wiederholte Auftreten der Symptome hervorruft.

Maßnahmen

Entscheidend ist, daß der Tierarzt sofort behandelt, damit das Augenlicht nicht durch die Folgen einer Pupillenverengung verlorengeht. Atropintropfen lösen Verklebungen und erweitern die Pupille wieder. Antibiotika und Steroide können direkt in das Bindehautgewebe rund um das Auge gespritzt werden. Die Prognose ist stets mäßig. Der Verlust des Augenlichts kann eine Reaktion im Verhalten des Pferdes hervorrufen, die die Tötung notwendig macht.

Tetanus

Tetanus wird durch Bakterien verursacht, und zwar durch das Clostridium tetani; die verheerenden Symptome jedoch gehen auf einen Giftstoff zurück, der in den allgemeinen Blutkreislauf gelangt. Das Bakterium dringt durch eine Verletzung in der Haut oder eine Abschürfung in der Darmwand ein. Da sich das Bakterium nur bei einer niedrigen Sauerstoffkonzentration vermehrt, stellen tiefe Wunden eine besonders große Gefahrenquelle dar. Das Bakterium breitet sich nicht von der Stelle, an der es eingedrungen ist, weiter aus, setzt aber große Mengen eines Giftstoffs frei. Dieses Tetanustoxin wirkt derart auf die Nerven ein, daß es zu Muskelspasmen bei der von diesen Nerven versorgten Muskulatur kommt.

Ein an Tetanus erkranktes Pferd fällt zunächst durch einen steifen Gang auf. Anschließend kommt es zu unkontrollierbaren Muskelzuckungen am Körper. Es soll ein typisches Anzeichen von Tetanus sein, wenn sich das dritte Augenlid von der vorderen Ecke des Auges aus über den Augapfel zieht, wenn der Kopf des Pferdes hoch angehoben wird. An Tetanus erkrankte Pferde reagieren übermäßig stark auf Stimuli, wie Geräusche oder plötzliche Bewegungen. Schließlich ist das Pferd nicht mehr in der Lage zu stehen, und der Tod tritt ein, weil die Atemmuskeln erfaßt werden.

Maßnahmen

Pferde sollten wenigstens alle zwei Jahre gegen Tetanus geimpft werden; zwei Impfungen mit Tetanotoxin sind zur Grundimmunisierung nötig. Jedes Pferd mit einer noch so kleinen Verletzung sollte mit Tetanus-Antitoxin gespritzt werden, außer man ist sich völlig sicher, daß ein vollständiger Impfschutz besteht. Wie der Name schon andeutet, neutralisiert das Antitoxin die Wirkung des Tetanustoxins. Jedoch bietet die Behandlung mit Antitoxin durchaus nicht hundertprozentige Sicherheit, sondern es ist so, als wenn man die Stalltür verschließt, nachdem das Pferd bereits ausgerissen ist. Man ist z. B. nie sicher, ob nicht Tetanus-Bakterien in eine Wunde in der Darmwand eingedrungen sind.

Nicht alle an Tetanus erkrankten Pferde gehen daran zugrunde. Große Antibiotikagaben und Tetanusantitoxin können die Infektion wirkungsvoll bekämpfen. Sofern die Beinmuskulatur betroffen ist, ist es häufig erforderlich, das Pferd einige Zeit mit Hilfe von Schlingen zu stützen.

Untugenden

Bei Untugenden hat man es mit Angewohnheiten zu tun, die dem Pferd Schaden zufügen. Untugenden sind im eigentlichen Sinne keine Krankheiten und auch nicht Gegenstand der tierärztlichen Ankaufsuntersuchung. Doch werden sie als gravierend genug angesehen, um bei den meisten Pferdeversteigerungen ein Rückgaberecht zu begründen, wenn sie in Anschluß an den Kauf festgestellt werden. Krippensetzen, Koppen und Weben sind allesamt anerkannte Untugenden, manchmal wird außerdem das Boxenwandern hinzugezählt.

Beim Krippensetzen setzt das Pferd mit den vorderen Schneidezähnen auf einem bestimmten Gegenstand auf, wie z. B. dem Rand einer geteilten Stalltür und spannt dabei die Halsmuskulatur an, bevor es wieder losläßt, und verursacht so erhebliche Schäden an den Holzteilen im Stall, an der Einzäunung, u.s.w. Hierbei wird das Holz abgekniffen und hinuntergeschluckt. Die vorderen Zähne werden dabei unnatürlich stark abgenutzt, und eine Altersbestimmung des Pferdes anhand der Zähne wird schwierig. In vielen Fällen werden aus Krippensetzern Pferde, die koppen.

Beim Koppen spannt das Pferd seine Kehlmuskeln meistens, aber nicht immer, in Verbindung mit Krippensetzen an und schluckt anschließend Luft herunter. Diese Pferde sind lustlos; ihre Mägen sind mit Luft anstatt mit Futter gefüllt. Man geht davon aus, daß sie besonders anfällig für Kolik sind.

Beim Weben steht das Pferd still, verlagert das Gewicht von einem Vorderbein auf das andere und bewegt den Hals dabei hin und her. Meistens stehen Pferde, die weben, an einem Gang.

Boxenwandern ist das, was der Name schon sagt. Das Pferd wandert immer wieder um seine Box, was stark ermüdet und Kräfte verbraucht.

Typisch für Stalluntugenden ist, daß sie »anstecken«. Hat ein Pferd im Bestand sich ein bestimmtes Verhalten angewöhnt, folgen häufig andere Pferde seinem Beispiel. Untugenden scheinen eine Reaktion auf Streß zu sein; daher treten sie besonders bei Pferden auf, die an einen fremden Ort gebracht werden. Hält eine Untugend bei einem Pferd länger als ein paar Tage an, hält es oft ein Leben lang daran fest. Scheinbar wird durch Untugenden die Freisetzung von Endorphinen stimuliert, natürlichen Morphiumderivaten, die an den Blutkreislauf des Pferdes abgegeben werden. Man kann sie als eigenproduziertes Doping betrachten.

Maßnahmen

Untugenden werden seit eh und je mit Langeweile in Verbindung gebracht.
Folglich ist der erste Schritt, etwas gegen die Langeweile zu unternehmen, häufig Arbeitsperioden einzulegen, das Pferd z. B. durch Gummireifen, die von der Boxendecke herunterhängen, abzulenken und dafür zu sorgen, daß es soviel wie möglich vom Leben auf dem Hof mitbekommt.
Krippensetzen und Koppen kann man verhindern – wenn sie zusammentreffen –, indem man einen speziell geformten starren Bügel an der Kehle bzw. am Kehlkopf anlegt. Wenn dieser fest genug an Ort und Stelle sitzt, kann das Pferd seine Kehle nicht in die Stellung bringen, die ihm die Befriedigung verschafft, die mit dieser Untugend verbunden ist. In schweren Fällen kann man einen Teil der Nerven und Muskeln operativ entfernen, die bei dieser Handlung benötigt werden.

Wobbler

Ein Wobbler ist ein junges Pferd, das die Kontrolle über seine Hintergliedmaßen in zunehmendem Maße verliert und schließlich nicht mehr stehen kann. Obwohl diese Erkrankung recht selten ist, ist der Prozentsatz der erkrankten arabischen Pferde deutlich höher. Die Krankheit kann jederzeit im Alter zwischen 2 und 3 Jahren auftreten. Zunächst bemerkt man lediglich einen schlaksigen Gang der Hinterbeine. Dann beginnt die Hinterhand in der Bewegung zu schwanken.

Das Problem zeigt sich besonders deutlich im Schritt und auf engen Wendungen. Im Galopp hoppelt das Pferd wie ein Hase.

Das Krankheitsbild wird durch eine Degeneration im Rückenmark des Halses verursacht; oftmals als Ergebnis eines Drucks, der von der knöchernen Wirbelsäule ausgeübt wird. Manchmal läßt sich die Diagnose durch Röntgenbilder bestätigen. Zieht man den Schweif des Pferdes in der Bewegung zur Seite, kann das Pferd das Übergewicht bekommen und umfallen. Die Erkrankung kann an unterschiedlichen Stellen des Halses auftreten, die Symptome sind in jedem Fall die gleichen.

Maßnahmen

Diese Erkrankung ist immer unheilbar. In den USA werden manchmal große Operationen vorgenommen, um den Druck auf das Rückenmark zu beseitigen, doch gilt dies in unseren Landen als moralisch nicht vertretbar. Es ist üblich, das Tier zu töten, sobald die Diagnose eindeutig feststeht.

8

DER VERDAUUNGS-APPARAT

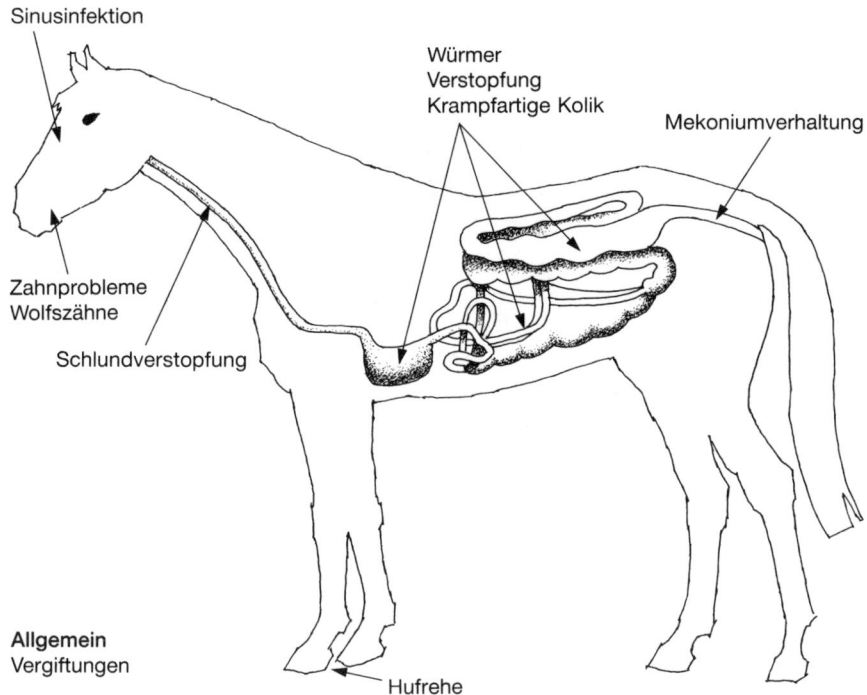

Sinusinfektion

Würmer
Verstopfung
Krampfartige Kolik

Mekoniumverhaltung

Zahnprobleme
Wolfszähne

Schlundverstopfung

Allgemein
Vergiftungen

Hufrehe

Ein umfassendes Kapitel über die Fütterung des Pferdes würde über den Rahmen dieses Buches hinausgehen, abgesehen von den Fällen, in denen schlechtes Management zu körperlichen Störungen führt, wie z. B. einer Schlundverstopfung. Auch durch das regelmäßige Verabreichen konzentrierter Futtermittel kann es zu ernsthaften Störungen des Verdauungssystems kommen, da es sich um ein sehr komplexes System handelt. Einwandfreies, sauberes Wasser ist für das Pferd ebenso wichtig – kurzfristig gesehen sogar wichtiger – als Futter, denn ein Pferd mit einer guten körperlichen Verfassung stirbt gewöhnlich eher an Austrocknung als an Futtermangel.

In der Natur ernährt sich das Pferd von Gräsern, und die Molaren oder Backenzähne brauchen dabei nur wenig zu kauen, bevor das Futter die Speiseröhre heruntergleitet. Während des Kauens wird das Futter mit Speichel vermischt. Die Nahrung gelangt ständig in verhältnismäßig kleinen Mengen in den Magen. Dem entspricht die Größe des Pferdemagens, der ja nie eine große Menge auf einmal aufnehmen muß. Am Eingang dieses kleinen Magens befindet sich ein ziemlich enger Schließmuskel, der verhindert, daß Pferde sich erbrechen, außer in einigen außergewöhnlichen Umständen. Die Verdauung findet im Magen sowie im Dünn- und Dickdarm statt. Im letzteren sorgen Millionen von Bakterien für die Verdauung. Sie leben in der geschützten Umgebung, die der Dickdarm des Pferdes ihnen bietet, und ermöglichen dem Pferd, die reinen Nährstoffe aufzunehmen, die sie aus den fibrösen Zellulosebestandteilen seines Futters erschließen.

Unverdauliche Stoffe und bestimmte Abfallprodukte des Körpers werden als Fäkalien oder Kot ausgeschieden. Dieser ist normalerweise zu Kugeln geformt, kann aber auch breiig und bei manchen Krankheitsbildern sogar flüssig sein. Natürlich gelangen während des Grasens alle möglichen Bakterienarten in den Verdauungstrakt. Daß es jedoch nur relativ wenigen gelingt, sich einzunisten und eine Infektion zu verursachen, ist einem sehr wirkungsvollen Abwehrmechanismus zu verdanken. Der Mageninhalt ist hochgradig sauer, und diese Säure tötet die meisten Bakterien ab. Weiter unten im Verdauungstrakt überwältigt das Übergewicht zahlreicher »etablierter«, wohlgesonnener Bakterien alle bis zu diesem Punkt vorgedrungenen Neueindringlinge.

Schlundverstopfung

Schlundverstopfung wird nicht durch einen Fremdkörper im Maul oder in der Kehle verursacht, denn derartige Gegenstände können gewöhnlich ausgehustet werden. Hier ist eine Verstopfung der Speiseröhre gemeint, die unterschiedliche Ursachen haben kann. Ein Pferd kann aus Versehen einen festen Gegenstand hinuntergeschluckt haben, der zu groß ist, um die Speiseröhre oder den Schlund passieren zu können. Kartoffeln oder Karotten sind die häufigste Ursache dieser Art von Schlundverstopfung. Eine andere Entstehungsursache dieses Problems sind Stoffe, die aufquellen, während sie die Speiseröhre passieren, und dann nicht mehr weiterrutschen. Hierzu kommt es, weil alles, was ein Pferd schluckt, reichlich mit Speichel vermengt wird. Das Material saugt sich voll Flüssigkeit und nimmt dann entsprechend an Volumen zu. Getrocknete Zuckerrübenschnitzel verschiedener Darreichungsformen bilden die häufigste Ursache für Schlundverstopfungen dieses Typs.

Ein Pferd mit Schlundverstopfung macht einen sehr kranken Eindruck. Es steht mit gesenktem Kopf da, reagiert aber häufig ängstlich auf jeden Versuch, das Problem genauer zu untersuchen. Deutlichstes Symptom ist, daß Speichel aus dem Maul läuft, der die Speiseröhre nicht passieren kann und in immer stärkerem Maße produziert wird. Das Pferd, das über seinem Wassereimer oder seiner Krippe steht, ist nicht einmal in der Lage, Flüssigkeit hinunterzuschlucken.

Wenn sich im hinteren Rachenraum Speichel ansammelt, kann die Atmung sehr laut werden und fälschlicherweise der Eindruck entstehen, daß es sich um eine Krankheit der Atemwege handelt.

Wird die Schlundverstopfung nicht behoben, kann tatsächlich Speichel in die Luftröhre des Pferdes und von dort aus in die Lunge gelangen.

Maßnahmen

Der Tierarzt ist sofort zu benachrichtigen. Das Pferd ist bei herabhängendem Kopf so ruhig wie möglich zu halten, damit das Risiko, daß Speichel in die Lunge gelangt, möglichst gering gehalten wird und der Speichel nach vorn abfließen kann. Futter und Wasser sind unbedingt zu entfernen. Wenn eindeutig feststeht, daß sich ein fester Gegenstand in der Speiseröhre verklemmt hat und er deutlich durch die dünne Wand der Speiseröhre tastbar ist, kann man durch sanfte Massage unterstützen, daß der Fremdkörper sich weiterbewegt.

Die Injektion eines Sedativums oder eines milden Muskelrelaxans entspannt die Wand der Speiseröhre in dem Maße, daß die Verstopfung sich löst. Auch kann man kleine feste Objekte die Speiseröhre weiter entlangschieben, allerdings ist hier das Risiko nicht auszuschließen, daß die Wand der Speiseröhre verletzt wird. Folglich wird dieser Versuch nur bei kleineren Fremdkörpern unternommen. Futtermittel, wie z. B. Karotten, zersetzen sich mit der Zeit durch die Verdauungsenzyme des Speichels. Allerdings muß man etwa 24 Stunden lang das Pferd gut beobachten, bis sich die Verstopfung gelöst hat. Man kann Zuckerschnitzelbrei mit Hilfe einer Magensonde entfernen, mit der man abwechselnd eine kleine Menge Wasser hineinpumpt und anschließend die Mischung aus Zuckerschnitzelbrei und Wasser wieder absaugt. Hierbei handelt es sich um ein langwieriges und mühsames Verfahren.

Die meisten Fälle von Schlundverstopfung könnten vermieden werden, wenn sorgsamer gefüttert würde. Große feste Futtermittel, wie z. B. Karotten, sollten entweder ganz verfüttert werden, damit das Pferd merkt, daß es kauen muß, oder in so klein geschnittenem Zustand, daß es zu keinen Schwierigkeiten kommen kann.

Zuckerrübenschnitzel sind immer so lange einzuweichen, bis sie vollständig mit Flüssigkeit gesättigt sind. Das bedeutet mindestens 12 Stunden Einweichzeit und die anschließende Kontrolle, ob überstehendes Wasser vorhanden ist, das nicht mehr aufgesaugt wird.

Steht kein überschüssiges Wasser auf den Schnitzeln, kann man nicht sicher sein, daß die feucht aussehende Masse nicht doch noch Wasser aufnehmen kann. Vor allem ist sorgfältig darauf zu achten, daß die eingeweichten Zuckerrübenschnitzel vor dem Pferd sicher aufbewahrt werden. Das gleiche gilt für das trockene Material.

Beauftragt man jemand anderen mit der Fütterung des Pferdes, sollte man sich vergewissern, daß er die Gefahr kennt. Viele Fälle von Schlundverstopfung durch Zuckerrübenschnitzel entstehen durch Unkenntnis. Manche Leute vertreten daher grundsätzlich den Standpunkt, daß Zuckerrübenschnitzel gefährlich sind. Für sich genommen sind sie nicht gefährlich, nur bei unsachgemäßer Verwendung und Nichtbeachtung der Einweichzeit. Sachgemäß vorbereitet stellen sie ein hochwertiges Futter dar.

Zahnprobleme

Die Molaren oder Backenzähne des Pferdes mit ihren schrägen Mahlflächen neigen von Natur aus dazu, scharfe Kanten an den Zähnen zu bilden. Diese scharfen Kanten verursachen Verletzungen an den Innenflächen der Backen und an der Zunge und sind sehr hinderlich beim Fressen. Folglich fressen Pferde mit scharfkantigen Molaren schlechter und vor allem auch weniger Fertigfutter, das stärker gekaut werden muß. Wird das Pferd geritten, drückt das Gebiß die Haut der Backen gegen die scharfen Stellen außen an den oberen Backenzähnen, und das Pferd reagiert nicht so auf das Gebiß, wie man erwarten würde. Der Reiter erkennt dies nur, wenn er das Pferd gut kennt und weiß, wie es vorher auf das Gebiß reagiert hat.

Übrigens, Pferde aller Altersstufen können scharfe Kanten an den Backenzähnen bekommen, nicht nur alte Pferde!

Altersbestimmung des Pferdes anhand der Zähne

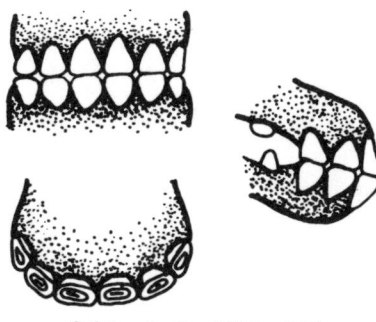

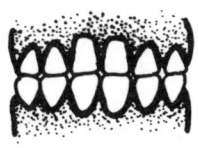

2 Jahre (volles Milchgebiß)

3 Jahre (in der Mitte 2 bleibende Zähne)

4 Jahre
(4 bleibende Zähne)

5 Jahre (alle 6 bleibenden Zähne sind vorhanden)

7 Jahre

10 Jahre (Einbiß in den oberen Eckschneidezähnen)

15 Jahre

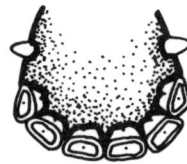

30 Jahre

Maßnahmen

Bei allen Pferden sind in regelmäßigen Abständen die Zähne zu kontrollieren (mindestens 1 mal pro Jahr), um scharfe Kanten festzustellen. Eine gewisse Kontrolle ist möglich, wenn man die Zunge des Pferdes mit einer Hand faßt und sie seitlich aus dem Maul herauszieht – so daß es das Maul nicht so leicht zumachen kann – und gleichzeitig mit der freien Hand die Zähne der anderen Seite untersucht. Die hinteren Backenzähne oder scharfe Stellen an der Innenseite der unteren Zahnreihe können dabei jedoch nicht untersucht werden, und die Methode ist folglich nicht zuverlässig. Für eine gründliche Untersuchung benötigt man eine Maulsperre, mit deren Hilfe die Kiefer des Pferdes gleichbleibend geöffnet sind und die Zähne in Ruhe untersucht werden können. Scharfe Stellen oder Haken werden mit einer Zahnraspel entfernt.
Dies bereitet dem Pferd keinerlei Schmerzen.

114

Stirnhöhlenvereiterung

Auslöser für eine Stirnhöhlenvereiterung ist eine Infektion, die durch einen der Backenzähne in eine der Gesichts- oder Kopfhöhlen eindringt. Die Wurzeln einiger Zähne reichen bis in die Stirnhöhle hinein, und die Infektion wandert entweder an den Zahnrändern entlang oder längs eines beschädigten Wurzelkanals dorthin.

Die Symptome bestehen in einem Anschwellen des Knochens über der Stirnhöhle und in einem eitrigen Nasenschleim, der aus einer der Nüstern abfließt. Daß der Nasenschleim nur aus einer Nüster – und zwar immer derselben – austritt, läßt darauf schließen, daß er aus einer Stirnhöhle kommt, und nicht aus dem Atemtrakt. Röntgenaufnahmen zeigen sowohl die schadhafte Zahnwurzel wie auch die Eiteransammlung in der Stirnhöhle.

Maßnahmen

Einzige Behandlungsmöglichkeit ist das Ziehen des Zahns in Narkose. Dadurch wird der Infektionsherd beseitigt, und durch wiederholtes Ausspülen der Stirnhöhle mit Wasser (durch das Loch im Schädel, durch das man den Zahn herausgeschoben hat) und eine gleichzeitig erfolgende Antibiotikabehandlung läßt sich die Infektion überwinden. Hier reicht es nicht aus, mit Antibiotika zu behandeln. Der kranke Zahn muß gleichzeitig entfernt werden, wenn die Behandlung Erfolg haben soll.

Verstopfung

Als Verstopfung bezeichnet man einen Verschluß oder eine Stauung in einem Teil des Verdauungstrakts. Verstopfungen können unterschiedliche Ursachen haben. Die häufigste ist möglicherweise die Unfähigkeit des Pferdes, faserreiches Futter im Dickdarm richtig zu verdauen. Dabei kommt es zu einer Ansammlung in der Beckenbiegung des Dickdarms, einer Stelle, an der der Dickdarm etwa 50% weniger Durchmesser hat und sich um 180 ° dreht.

Weitere Ursachen für eine Verstopfung bilden u. a. Bandwürmer bei ausgewachsenen Pferden, sowie große Mengen von Askaridenwürmern bei jungen Pferden. Durch Würmer hervorgerufene Schädigungen an großen Darmabschnitten können die normale Darmbewegung unterbrechen und auch Verstopfungen verursachen. Steht das Pferd auf einer schlechten Weide, kann es sich angewöhnen, Erde und Schlamm in großen Mengen zu fressen. Eine Verstopfung des Blinddarms ist das Resultat.

Ein Pferd, das an einer Verstopfung leidet, macht einen sehr kranken Eindruck. Entweder steht es matt und entkräftet da, oder – was häufiger ist – es legt sich auf die Seite. Es kann so still daliegen, daß man es kaum atmen sieht; und es ist nur schwer zu bewegen aufzustehen. Anfänglich wird noch Kot abgehen, aber sobald die Fäkalien hinter der Verstopfung ausgeschieden sind, kommt kein Kot mehr zutage. Bei einer Rektaluntersuchung kann der Tierarzt im günstigen Fall die Stelle der Verstopfung ertasten und einen Teil des zurückgehaltenen Kots entfernen. Ein Pferd mit einer Verstopfung frißt schlecht. Gelingt es nicht, die Verstopfung zu beseitigen, wird das Pferd immer toxischer. So werden z. B. seine Augenschleimhäute rot und schwellen an. Schließlich tritt der Tod ein.

Maßnahmen

Zweifellos sind einige Verstopfungen vorübergehender Art. Der Darminhalt kommt nur vorübergehend zum Stillstand und bewegt sich dann weiter. Beim geringsten Verdacht, daß eine Verstopfung vorliegt, sollte dem Pferd ein gut warmes Kleie-Mash verabreicht werden. Danach ist eine Stunde abzuwarten, ob es zu einer Besserung kommt. Sollte dies nicht der Fall sein, ist der Tierarzt zu rufen.

Die übliche Behandlung besteht darin, dem Pferd große Mengen Abführmittel per Magensonde zu verabreichen, z. B. flüssiges Paraffin. Versuchen Sie nicht, durch »Eintrichtern« selbst Abführmittel zu geben. Das Risiko, daß die Flüssigkeit in die Luftröhre und somit in die Lunge des Pferdes gelangt, anstatt in die Speiseröhre, ist viel zu groß im Vergleich zu dem kleinen finanziellen Vorteil, der durch das Einsparen der Tierarztrechnung entsteht. Die Behandlung muß möglicherweise mehrere Tage lang wiederholt werden, bis die Verstopfung so weit aufgeweicht ist, daß sie weiterrutscht.

Während dieser Zeit kann man schmerzstillende Mittel geben, allerdings sind sie bei derartigen Schmerzzuständen häufig wirkungslos. Das Mittel Flunixen hilft hier die Schmerzen lindern, doch besteht bei einer solchen Behandlung das Risiko, daß eine Verschlechterung des Zustands nicht erkannt wird. Die besten Vorsorgemaßnahmen gegen Verstopfungen bestehen darin, plötzliche Futterumstellungen zu vermeiden. Die Bakterien im Dickdarm des Pferdes stellen sich jeweils auf die effizienteste Verwertung der Futtermischung ein, brauchen aber mehrere Tage dazu, sich umzustellen. Ein plötzlicher Futterwechsel, wie er zum Beispiel beim Aufstallen des Pferdes nach der Weidezeit eintritt, oder beim Wechsel der Heusorte, kann ausreichen, um den Verdauungsvorgang lahmzulegen.

Rehe

Ich zähle Rehe eher zu den Problemen des Verdauungstrakts als zu denen des Bewegungsapparats, um darauf hinzuweisen, daß sie ihre Ursache darin hat, was das Pferd frißt. Akute Rehe wird durch zu viele Kohlehydrate im Magen ausgelöst, d. h. durch Überfressen. Während der Magen versucht, mit der Überbelastung fertigzuwerden, kommt es zu einem erhöhten Histaminspiegel. Verschiedene Teile des Körpers werden hierdurch in Mitleidenschaft gezogen, aber am unheilvollsten wirkt sich dieser Zustand auf die Hufe aus. Das Histamin setzt die Durchblutung in den Blutgefäßen der sensiblen Blättchen zwischen Huf und Hufbein herab. Ein Großteil des Blutes, das durch die Arterien des Beins gepumpt wird, wird im Bereich der Krone umgeleitet, ohne überhaupt erst in den Huf zu gelangen. Das Blut, das im Huf verbleibt, gibt nicht genug Sauerstoff ab, und das Gewebe beginnt sich zu verändern. Dabei degenerieren vor allem die sensitiven Blättchen und sind nicht mehr in der Lage, das Hufbein gegen die Vorderwand des Hufs zu halten. Hierdurch kann es zu einer Drehung des Knochens kommen, so daß die Spitze des Beins sich nach unten durch die Hufsohle drückt.
Bei Rehe gehen die Pferde auf allen vier Beinen lahm, was ansonsten so gut wie nicht vorkommt. Das bedeutet allerdings nicht, daß alle 4 Hufe gleichmäßig betroffen sind. Auf den Vorderhufen lastet immer mehr Gewicht als auf den Hinterhufen, folglich werden sie

immer schmerzhafter reagieren. Das Pferd bewegt sich in kleinen
Schritten bei stockendem Gang.

Da es nicht weiß, welchen Huf es am stärksten belasten soll, läuft es
wie »auf heißen Sohlen«. In akuten Fällen weigern sich Pferde,
überhaupt zu laufen, stehen da mit dem Gewicht auf den Hinterbeinen und schaukeln leicht vor und zurück.

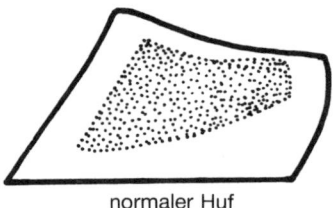

normaler Huf

Granulationsgewebe füllt die
durch Rotation entstandene
Lücke

Rehehuf   *Drehung des Hufbeins bei Rehe*

Die Untersuchung der Hufe kann sich als schwierig herausstellen, da
die 3 anderen Beine des Pferdes nicht in der Lage sind, das zusätzliche Gewicht zu übernehmen, wenn ein Bein angehoben wird.
Manchmal sind die Hufe warm, doch ist dies nicht immer der Fall.
Diese Wärme wird nicht durch eine verstärkte Durchblutung des
Hufs verursacht, wie man früher angenommen hat. Sie entsteht
dadurch, daß das Blut langsamer fließt und so mehr Zeit hat, seine
Wärme abzugeben, ähnlich einem Heizkörper, der sich um so
wärmer anfühlt, je länger man seine Hand daran hält. Bedingt durch
die Unterbrechung des Blutstroms am Ende des Kreislaufs, fühlt
man einen starken Pulsschlag; denn sowohl die Hauptarterie wie
auch die Hauptvene verlaufen durch das hintere Drittel der Fessel.

Rehe kann chronische Veränderungen am Huf nach sich ziehen. Ich
erwähnte bereits, daß die Spitze des Hufbeins auf die Sohle drücken
und sie durchbohren kann. Oft zeigen Röntgenbilder genau an, ob

118

das Hufbein beginnt, sich zu drehen, oder nicht. Die sensitiven Blättchen können so stark geschädigt sein, daß der Huf nicht länger mit dem Hufbein verhaftet ist und schlichtweg abfällt. Häufiger kommt es zur Bildung von Ringen an den Hufen in dem Bereich, in dem die Ernährung des Horns nach einer Reheerkrankung unterbrochen war.

Maßnahmen

Bei geringgradiger Rehe können ein Schmerzmittel, wie Phenylbutazon, sowie regelmäßige leichte Bewegung ausreichen, um die Blutzirkulation wieder zu normalisieren. Der Nährwert des Futters ist deutlich zu verringern sowie Mash zu verabreichen, um den Übeltäter, nämlich die Kohlenhydrate, schneller durch den Darm zu befördern.

Manchmal spielen zu lange Hufe eine beträchtliche Rolle, was die Störung der Zirkulation im Huf und das Ausschuhen betrifft. Lassen Sie so schnell wie möglich die Hufe kürzen. Manchmal ist es erforderlich, eine große Resektion der vorderen Hufwand vorzunehmen, um seine normale Form wieder herzustellen und den Huf so zu stellen, daß er ggf. eine Rotation des Hufbeins ausgleichen kann. Durch ein herzförmiges, geschlossenes Eisen wird das Hufbein über dem Strahl zusätzlich gestützt.

Es ist nicht erwiesen, daß Kälte auf den warmen Rehehuf eines Pferdes einen günstigen Einfluß hat, doch kann das Kühlen mit dem Wasserschlauch oder schnellfließendes Wasser, in das man das Pferd stellt, die Blutzirkulation anregen. Es gilt als erwiesen, daß Medikamente wie Clenbuterol die Blutzirkulation im erkrankten Huf verbessern und dem Pferd Linderung verschaffen.

Herzförmiges, geschlossenes Eisen bei Rehe

Vergiftungen

Es geht eindeutig über den Rahmen dieses Buches hinaus, alle Möglichkeiten einer Vergiftung bei Pferden zu beschreiben. Es gibt jedoch zwei allgemein bekannte giftige Pflanzen, auf die jeder Pferdehalter achten sollte. Obwohl die Eibe nicht allzu weit verbreitet ist, ist sie doch sehr wichtig in diesem Zusammenhang, weil sie sehr giftig ist. Das Symptom einer Eibenvergiftung ist der Tod. Pferde, die auch nur kleinste Mengen von den Nadeln fressen, sterben plötzlich, manchmal mit einigen Nadeln noch im Maul. Es gibt keine Behandlungsmöglichkeit, die einzige Maßnahme gegen diese Vergiftung besteht darin, das Pferd niemals in die Nähe von Eiben zu lassen.

Eine Vergiftung durch Kreuzkraut hat im Gegensatz dazu häufig einen sehr langwierigen Verlauf, da das dabei wirkende toxische Alkaloid ein additives Gift ist. Ein erkranktes Pferd verliert über Wochen und Monate Gewicht. Andererseits kann ein Pferd, das in kurzer Zeit große Mengen von Kreuzkraut frißt, akut erkranken. Es

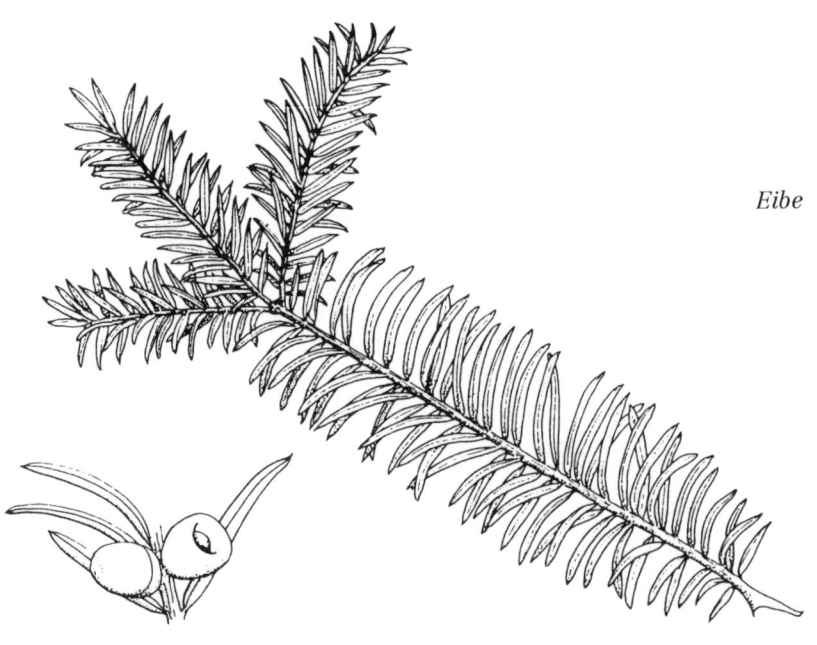

Eibe

stolpert dann umher, als ob es schläfrig wäre und seine Umgebung nicht wahrnähme.

In diesem Zustand kann das Pferd Personen, die sich in seiner Nähe aufhalten, gefährden, die von ihm erdrückt werden können. Schließlich fällt das Pferd in Koma und stirbt.

Maßnahmen

Alle Teile des Kreuzkrauts sind giftig. Selbst getrocknet im Heu ist die Pflanze noch giftig. Verlassen Sie sich nicht darauf, daß der vermeintlich bittere Geschmack der Pflanze Ihr Pferd vom Fressen

Kreuzkraut

121

abhält. Ist das Pferd einmal auf den Geschmack gekommen, etwa weil das Kreuzkraut zu einer bestimmten Jahreszeit die grünste Pflanze ist, zieht es Kreuzkraut sogar vor. Durch regelmäßiges Spritzen kann man die Pflanzen vernichten, doch ist darauf zu achten, daß die Weide nicht genutzt wird, bevor die abgestorbenen Pflanzen verrottet sind. Auf einer kleineren Koppel besteht die wirksamste Bekämpfung von Kreuzkraut darin, die Pflanze mitsamt der Wurzel mit der Hand herauszuziehen. Wiesen, in denen Kreuzkraut steht, sollten niemals zur Heugewinnung genutzt werden.

Man kann nur sehr wenig für ein klinisch erkranktes Pferd tun, vor allem dann, wenn die Blutuntersuchung zeigt, daß die Leber schon stark geschädigt ist. Bei leichteren Fällen kann eine intravenöse Infusion mit Traubenzuckerlösung eine Besserung herbeiführen, doch oft stellt die Tötung die einzige vertretbare Lösung des Problems dar.

Darmpechverhaltung

Die Darmpechverhaltung ist ein Zustand bei ganz jungen Fohlen, zu dem es während der ersten 2 bis 3 Lebenstage kommt. Das Darmpech ist der Kot, den das Fohlen während seiner Entwicklung im Mutterleib gebildet hat. Er sieht hell orangefarben aus, oder schwärzlich grün, und kann bis zu 3 bis 5 Meter lang sein. Gelingt es dem Fohlen nicht, kurz nach der Geburt, das Darmpech loszuwerden, bleibt es im Darm stecken und wird hart. Es kommt zu einer Vergiftung des Fohlens, und es stellt das Saugen ein. Dabei kann es zu erhöhter Temperatur kommen. Das Fohlen steht da, preßt und versucht vergeblich, das Darmpech loszuwerden. Ohne Behandlung kann eine Darmpechverhaltung tödlich ausgehen. Aufgrund der Anatomie des Beckens neigen Hengstfohlen stärker dazu als Stutfohlen.

Maßnahmen

Alle Fohlen sollten so lange gut beobachtet werden, bis alles Darmpech abgegangen ist und normaler Kot ausgeschieden wird.

Dabei ist wichtig, daß das Fohlen in den ersten 6–8 Stunden seines Lebens genügend Kolostralmilch aufnimmt, denn diese hat eine abführende Wirkung. Stellt ein Fohlen in den ersten 2–3 Lebensstunden das Saugen ein, sollte auf eine Mekoniumverstopfung untersucht werden. Fohlen können durchaus einen Teil des Darmpechs abgesetzt haben und einen gesunden Eindruck machen, dann aber bei dem letzten Stück des Darmpechs eine Verstopfung bekommen. Der Pferdehalter kann in einem solchen Fall einen Mikro-Einlauf für Kinder in das Rektum des Fohlens machen, um Bewegung in die Sache zu bringen. Führt dies nicht innerhalb von einer Stunde zum Erfolg, ist der Tierarzt zu benachrichtigen, denn die Zeit läuft bei einem Neugeborenen schnell davon.

Krampfkolik

Kolik heißt Bauchschmerz. Dieser kann sich auf unterschiedliche Weise bemerkbar machen. Pferde mit Verdacht auf Kolik stehen da und sehen sich nach ihrer Flanke um, oder sie schlagen nach der Flanke. Oft legen sie sich auch immer wieder hin und wälzen sich. Bei sehr starkem Schmerz werfen sie sich regelrecht zu Boden, ganz gleich, was ihnen im Weg ist. Pferde, die Kolik haben, können stellenweise stark schwitzen. Bei der sog. Krampfkolik kommt es etwa 30–60 Minuten lang zu Schmerzattacken, dann flaut der Schmerz ab, um nach kurzer Pause erneut einzusetzen.

Kolik kann unterschiedliche Auslöser haben. Pferdebesitzer glauben oft, daß jeder Fall von akuter Kolik durch eine Darmverschlingung ausgelöst wird. In Wirklichkeit sind Darmverschlingungen relativ selten. Die meisten Krampfkoliken werden durch eine Unterbrechung der normalen Darmbewegung verursacht. Futterumstellungen, Veränderungen in den Haltungsbedingungen, aber auch seelischer Streß können der Auslöser sein. Berichten aus den USA zufolge werden 80% der Koliken durch Wurmbefall ausgelöst. Wandernde Wurmlarven schädigen die Wand der Blutgefäße, die einen Teil des Darms versorgen. Eine Nekrose, d. h. ein Absterben der Darmwände, verursacht Schmerz, wie auch eine Stauung der Nahrung in den betroffenen Darmabschnitten.

Zu den stärksten Schmerzen kommt es wohl dann, wenn sich ein Darmabschnitt aus der gewohnten Lage im Bauch verlagert. Ganze

Darmschlingen können sich im Gekröse (Mesenterium) verfangen. In solchen Fällen ist der Schmerz sehr stark und anhaltend. Häufig hört man, daß sich ein Pferd mit Kolik nicht wälzen darf, weil sich der Darm dabei verdreht und die Lage sich dadurch verschlimmert und möglicherweise sogar tödlich ausgeht. Dies stimmt nicht. Es gibt keinerlei Anhaltspunkte dafür, daß eine Verschlechterung des Zustands durch eine plötzlich eingetretene Verdrehung hervorgerufen worden wäre.

Alles spricht im Gegenteil dafür, daß die Ursache von Anfang an vorgelegen hat. Es sind die Symptome des zunehmenden Schocks, die das Pferd plötzlich so krank erscheinen lassen.

Maßnahmen

Als erstes sollte ein Pferdehalter in der Lage sein, zu erkennen, wann eine Kolik gefährlich und möglicherweise sogar lebensbedrohlich ist. Das ist nicht schwierig. Hat das Pferd mehr als 39,5 °C Temperatur, ist die Kolik als gefährlich anzusehen. Ebenso dann, wenn der Puls 60/Minute übersteigt oder sogar unregelmäßig ist. Besonders ernst ist der Zustand dann, wenn die Kapillaren länger als 4 Sek. benötigen, um sich wieder aufzufüllen. Sie überprüfen dies, indem sie ihren Daumen auf das rosafarbene Zahnfleisch des Pferdes pressen. Sobald Sie den Daumen wegnehmen, sieht die Stelle blaß und weiß aus. Die Auffüllzeit der Kapillaren ist die Zeit, bis sich das Zahnfleisch wieder rosa färbt. Wenn dieser Test positiv ausfällt, benachrichtigen Sie sofort den Tierarzt. Berichten Sie ihm genau, was Sie festgestellt haben, damit er die Situation einschätzen kann. Bei leichteren Fällen von Kolik meinen viele Pferdehalter, das Pferd etwa eine Stunde lang führen zu müssen, in der Hoffnung, daß der Zustand sich dadurch bessert. Dies ist sinnlos und erschöpft das Pferd zusätzlich zu einem Zeitpunkt, an dem es alle seine Kräfte nötig hat.

Ich sagte ja schon, daß die Lage sich durch Wälzen des Pferdes nicht verschlimmert. Folglich ist es unnötig, das Pferd zu führen, um dies zu verhindern. Wie leicht wirft sich ein solches Pferd draußen hin und wälzt sich dann doch; nur in einer weitaus ungünstigeren Umgebung, als sie der Stall darstellt. Das Wälzen kann allerdings so heftig sein, daß das Pferd sich etwas bricht. Kein noch so langes Führen kann diese Art von Schmerz kontrollieren.

Wenn Sie dem Pferd Flüssigkeit ins Maul einflößen, haben Sie nur eine Chance von 50 zu 50, daß diese auch wirklich in die Speiseröhre gelangt, und nicht in die Luftröhre. Dieses Risiko erhöht sich zusätzlich bei einem Pferd, das durch den Kolikschmerz verängstigt ist. Außerdem kann weder die Flüssigkeitsmenge, noch die Dosierung des Medikaments in diesen Präparaten bei der Größe des Magendarmtrakts der Pferde viel ausrichten. Wenn Tierärzte bei Kolik Flüssigkeiten per Magensonde verabreichen, geben sie gleich mehrere Liter auf einmal und nicht Mengen, die sich in Millilitern messen lassen.

Die Behandlung von Kolik zu Hause besteht in erster Linie darin, das verängstigte Pferd zu beruhigen. Sorgen Sie für eine dicke, trockene Einstreu. Versuchen Sie das Pferd dazu zu bewegen, warmen Kleiemash zu fressen. Und vor allem ist der Tierarzt zu benachrichtigen, wenn auch nur leichtere Schmerzzustände länger als etwa 30 Minuten anhalten oder nach einer Unterbrechung neu einsetzen. Bei akutem Schmerz ist der Tierarzt sofort zu rufen.

Heute stehen eine Reihe sehr wirksamer schmerzstillender Mittel zur Verfügung, die den Schmerz bei Kolik beheben können. Meistens kann man durch das Ausschalten des Schmerzes auch erreichen, daß die normalen Kontraktionen und Relaxationen des Darms wieder einsetzen. Dabei besteht allerdings eine gewisse Gefahr, daß Pferde mit größeren Verlagerungen des Darms und Verschlingungen nach der Behandlung als wiederhergestellt gelten. Wenn dann nach 8–12 Stunden – so lange wirken diese Mittel – festgestellt wird, daß das Pferd nicht kuriert ist, kann sich der Zustand inzwischen wesentlich verschlechtert haben. Immer häufiger versucht man derartige schwere Koliken auf chirurgischem Wege zu lokalisieren und zu beheben. Die Erfolgsaussichten sind dabei am günstigsten, wenn die Operation möglichst früh erfolgt. Die Erfolgsquote bei derartigen Eingriffen in Spezialkliniken liegt bei 50–70%. So können viele Pferde, die früher qualvoll zugrunde gegangen wären, auf diese Weise gerettet werden.

Regelmäßiges, effektives Entwurmen ist die bestmögliche Vorsorge gegen Kolik; denn etwa 80% aller Fälle von Kolik haben in irgendeiner Form mit Verwurmung zu tun. Das regelmäßige Füttern gleichbleibender Rationen trägt auch dazu bei, vor allem dann, wenn die Zähne des Pferdes regelmäßig überprüft und bei Bedarf geraspelt werden, damit das Futter auch wirklich gut gekaut werden kann.

Würmer

Es gibt eine ganze Reihe von Magen- und Darmwürmern, die das Pferd befallen können. Ihre Lebensweise ist unterschiedlich, sie schädigen das Pferd in unterschiedlicher Weise und werden durch unterschiedliche Medikamente bekämpft. Dementsprechend differenziert muß ein Präventivprogramm aufgestellt werden, um sicherzugehen, daß Ihr Pferd frei von Parasiten bleibt.

Spulwürmer (Askariden) sind Würmer, die junge Pferde befallen. Das erklärt sich durch die Tatsache, daß ausgewachsene Pferde gegen Würmer – und eigentlich ausschließlich gegen Würmer – eine wirksame Resistenz entwickeln. Leider hat man dies bis heute noch nicht nutzen können, um eine Vakzine gegen Askariden auf den Markt zu bringen. Der wichtigste Vertreter dieser Familie, der Schäden verursacht, ist der **Pascaris equorum**. Der ausgewachsene Wurm ist recht lang, und wenn er gehäuft auftritt, kann er das Lumen des Fohlendarms verstopfen. Dies ist zu beachten, wenn es nach der Behandlung von Askariden zu kolikartigen Erscheinungen kommt, wenn die sterbenden Würmer vorübergehend eine Verstopfung verursachen. Die ausgewachsenen Würmer legen Eier, die mit dem Kot des Pferdes in die Weide gelangen. Die Eier der Askariden haben eine sehr dicke Haut und können ein Jahr lang oder noch länger auf der Weide überleben. So überbrücken sie die Zeit von einem Fohlenjahrgang zum nächsten trotz der Resistenz, die Pferde gegen sie bilden. Die Pferde nehmen geschlüpfte Wurmlarven mit dem Weidegras auf. Diese Larven reifen jedoch nicht gleich zu ausgewachsenen Würmern heran. Sie wandern zunächst durch den Körper des Pferdes. Im Fall der Askariden geht diese Wanderung durch die Lunge und Leber, bevor sie dann als ausgewachsene, geschlechtsreife Würmer in den Magen-Darmtrakt zurückkehren.

Die Wanderung durch die Lunge kann Symptome verursachen, die an eine Erkrankung der Atemwege denken lassen und als »Sommererkältung« bezeichnet werden. Es kommt bei dem jungen Pferd zu erhöhter Temperatur und Nasenausfluß. Seine Atmung ist beschleunigt.

Der andere Wurm, der vor allem junge Pferde bedroht, ist der **Strongyloides westerii** (Zwergfadenwurm). Hier ermöglicht ein sehr kurzer Lebenszyklus – vom Eierlegen bis zum ausgewachse-

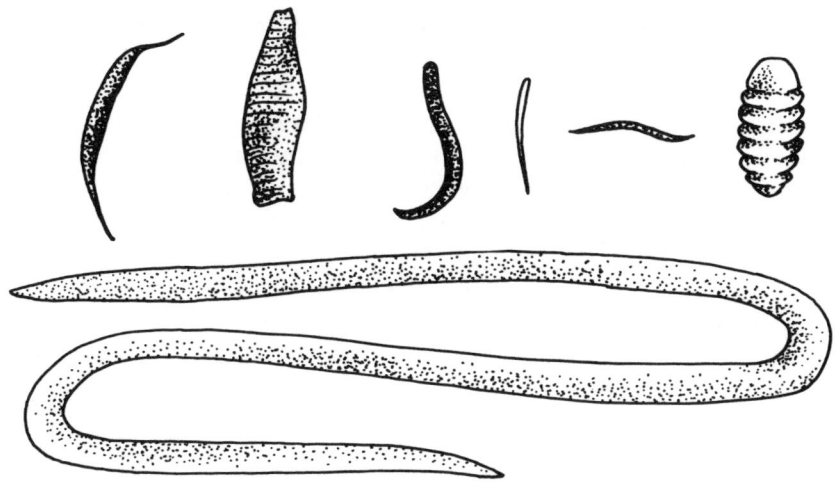

Die üblichen Würmer der Pferde. Von links nach rechts: Oxyurius equi (Pfriemenschwanz), Bandwurm, Strongylus edentatus, zwei Exemplare des Strongylus vulgaris (Blutwurm), Dassellarve. Unten: Parascoris equorum (Spulwurm).

nen Wurm – die Ansammlung einer großen Zahl von Würmern in dem jungen Pferd.

Die größte Bedrohung für ausgewachsene Pferde stellt der sog. **Strongylus vulgaris** (Großer Palisadenwurm), einer der großen, roten Würmer dar. Dieser Wurm wird dem Pferd nicht gefährlich, indem er die Darmwand schädigt, oder durch die Blutmenge, die der erwachsene Wurm saugt (und die ihm die rote Farbe verleiht). Auch die Nahrungsmenge, die die Würmer anstelle der Pferde fressen, ist nicht der entscheidende Faktor. Es sind die körperlichen Schäden, die durch die Wanderung der unreifen Larven verursacht werden. Diese bohren sich in die kleinen Arterien der Darmwand und schwimmen buchstäblich gegen den Blutstrom an, bis sie zu einer Stelle gelangen, an der die Blutgefäße sich so wie die Nabe eines Fahrrads verzweigen, um eine Darmschlinge zu versorgen. Hier bleiben die Larven dann etwa 4 Monate lang, in denen sie die Wand des Blutgefäßes derart schädigen können, daß das Lumen des Blutgefäßes zum Teil oder auch vollständig durch einen Blutpfropf oder Trombus verstopft wird.

Nach Vollendung dieser Entwicklungsstufe wandern die Larven als ausgewachsene Würmer zurück zur Darmwand und durch sie hindurch ins Innere.

Dies erklärt, warum diese Würmer beim Pferd eine Kolik hervorrufen können. Die verringerte Blutversorgung einer Darmschlinge bereitet dem Pferd durch die Anoxie, den Sauerstoffmangel, Schmerzen. Hinzu kommt die Einschränkung der normalen Darmbewegung, die in den angrenzenden gedehnten Darmabschnitten zu Schmerzen führt. Wichtig im Zusammenhang mit dem Strongylus vulgaris ist außerdem, daß ein Großteil der Schädigungen durch die Larven verursacht wird und es mehrere Monate dauert, bis der Wurmbefall durch erkennbare Wurmeier im Kot diagnostiziert werden kann.

Ich möchte an dieser Stelle nicht alle Wurmarten besprechen, die ein Pferd befallen können; doch sind da im besonderen zwei Arten, die erwähnt werden sollten. Der Oxyuris equi, oder Nematodenwurm, der im Körper des Pferdes nicht direkt schädigt, aber Reizungen hervorruft, da er als ausgewachsener Wurm im Rektum des Pferdes lebt und auf die Haut am Darmausgang kriecht. Scheuert sich ein Pferd am Schweif, so ist nicht unbedingt Sommerräude die Ursache; es kann sich ebensogut um einen Oxyurenbefall handeln. Die zweite Art ist die Magendassel oder Gastrophiluslarve. Hier handelt es sich nicht um einen Wurm, sondern um eine Fliege. Diese Fliege legt Eier auf der Haut des Pferdes ab, vor allem an den Beinen. Die cremefarbenen Eier sind leicht zu erkennen, wenn sie in den Sommermonaten an den Haaren kleben. Nach dem Schlüpfen dringen die Larven in die Haut ein und wandern zum Magen des Pferdes, wo sie zu großen Larven heranreifen, die, wenn sie in großer Zahl vorhanden sind, Geschwüre in der Magenwand verursachen. Im darauffolgenden Frühjahr setzt sich der Lebenszyklus in Form der ausgewachsenen Fliege fort. Dasselfliegen bilden daher nur während der Wintermonate ein Problem für die Pferde, obwohl auch die erwachsenen Fliegen sehr lästig werden können, wenn sie ihre Eier ablegen.

Maßnahmen

Ein eigenes Bekämpfungsprogramm für jeden einzelnen Parasiten aufzustellen ist unmöglich. Man muß zwischen dem abwägen, was man an Zeit und Mitteln aufwenden will, und dem, was erforderlich ist, wenn man der Weideverwurmung erfolgreich entgegenwirken will. Pferde, die 365 Tage im Jahr 24 Stunden im Stall stehen, können keine neuen Würmer dazubekommen. Ist der Wurmbefall der Pferde einmal abgetötet, sind keine weiteren Schritte erforderlich. Doch kommt es nur selten vor, daß Pferde überhaupt keinen Weidegang haben.

Da jeglicher Wurmbefall beim Grasen zustande kommt, sollten die Bekämpfungsmaßnahmen mit der Weide beginnen. Sind in einer Weide zwei Jahre lang keine Pferde gewesen, ist die Wurmbelastung unwesentlich. Es gibt keine Chemikalien, die man auf die Weide aufbringen kann, um die Würmer zu vernichten. Mit Hilfe von Eggen kann man die Kotballen auseinanderreißen, so daß die Eier austrocknen und zugrundegehen. Das Absuchen des Kots ist eine sehr wirksame Maßnahme zur Wurmbekämpfung, wenn genügend Arbeitskräfte zur Verfügung stehen. Es muß allerdings täglich erfolgen, wenn es nützen soll. Wartet man länger mit dem Absuchen, sind die Wurmlarven inzwischen geschlüpft und haben den Kot schon verlassen, wenn dieser entfernt wird.

Die meisten geschlüpften Wurmlarven steigen an den Grashalmen hoch, und befinden sich in einer günstigen Position, wenn die Spitzen des Grases abgefressen werden.

Wenn man das Gras kappt, d. h., die Spitzen abschneidet und für eine einheitliche Länge des Grases sorgt, eliminiert man die Larven, die an den Spitzen sitzen und darauf warten, gefressen zu werden. Eine Weidegemeinschaft mit anderen Tieren, wie Schafen und Rindern, verbessert nicht nur die Weide, weil die von den Pferden verschmähten Geilstellen gefressen werden, sondern tötet obendrein die Larven ab, wenn sie in die Mägen dieser Tiere gelangen.

Manche Pferdebesitzer verlassen sich bei der Wurmbekämpfung allein auf Anthelmintika (oder Wurmmittel). Dabei ist darauf zu achten, daß die Wurmmittel nicht in erster Linie den ausgewachsenen Wurm bekämpfen, der sich am Tag der Behandlung im Pferd befindet. Das tun sie zwar, doch ist es gewöhnlich nicht der ausgewachsene Wurm, der die größten Probleme macht. Hauptziel der Entwurmung ist, die Anzahl der Eier zu reduzieren, die auf die Weide gelangen, und damit die Gefahr des zukünftigen Wurmbefalls.

Zur Frage, wie oft die Pferde entwurmt werden müssen: Dies sollte generell erfolgen, bevor die Würmer herangereift sind und größere Mengen an Eiern mit dem Kot ausgeschieden werden. Um dies zu gewährleisten, müssen die meisten Wurmmittel alle

6–8 Wochen gegeben werden. Bei Mitteln, wie Ivermectin, bei denen neben dem ausgewachsenen Wurm auch die unreifen Wurmlarven getötet werden, während sie durch den Körper wandern, sind die Zwischenzeiten etwas länger zu bemessen. Einfach zweimal pro Jahr zu entwurmen, oder nur in den Sommermonaten, in der Weidezeit, kann die Verwurmung kaum bekämpfen. Zumindest sollte man bedenken, daß die unreifen Strongylus-vulgaris-Larven fast 6 Monate brauchen, um heranzureifen, nachdem das Pferd das infizierte Gras gefressen hat – und daß die meisten Mittel diesen Larven erst etwas anhaben können, wenn sie ausgereift sind.

Nun ist noch die Frage zu klären, welches Mittel anzuwenden ist. Das Spektrum ist weniger groß, als es zunächst den Anschein hat. Mehr als die Hälfte der Mittel, die zur Verfügung stehen, gehören der gleichen chemischen Gruppe an. Man erkennt sie daran, daß ihr Name in jedem Fall in -ndazole endet. Obwohl alle diese Mittel die ihnen eigentümlichen Vor- und Nachteile haben, sind Würmer, die gegen ein Mittel aus dieser Gruppe eine Resistenz entwickelt haben, meist auch gegen alle anderen Mittel dieser Zusammensetzung unempfindlich. Folglich ist es zwecklos, von einem Mittel dieser Gruppe zum nächsten überzuwechseln. Wenn Sie ein Mittel verwenden, gegen das noch keine Resistenz besteht, brauchen Sie das Wurmmittel nicht zu wechseln, um Resistenzen zu vermeiden.

Doch können auch andere Gründe dafür sprechen, das Mittel zu wechseln. Es hat keinerlei Vorteile, die Wurmmittel ständig zu wechseln. Es wird kaum mehr erreicht, als wenn im normalen Rhythmus mit dem gewählten Mittel entwurmt wird. Wenn Sie befürchten, daß sich Resistenzen bilden, ist es wahrscheinlich günstiger, ein und dasselbe Mittel für mehrere Entwurmungen zu nehmen und anschließend zu wechseln. Bei diesem Vorgehen ist es sehr wohl möglich, daß eine Resistenz wieder verschwunden ist, bis sie zum 1. Mittel zurückgekehrt sind.

Anthelmintika gibt es in drei Darreichungsformen. Sie über das Futter zu geben ist einfach, doch kann man nur schwer sicherstellen, daß die volle Dosis mit einem Mal aufgenommen wird. Wird es über den ganzen Tag verteilt gefressen, kommt es möglicherweise gar nicht zu der Konzentration, die Voraussetzung für die Wirksamkeit ist (auch könnten andere Pferde Zugang zu dem Futter haben, falls draußen auf der Weide gefüttert wird). Die Darreichung in

Pastenform, bei der mit Hilfe einer Plastikspritze das Mittel auf die Zunge gedrückt wird, ist zuverlässig und ungefährlich, wenn auch teurer durch die Kosten für die Spritze. In manchen Teilen der Welt

Handelsübliche Mittel gegen Rund- und Fadenwürmer sowie Magendasseln beim Pferd in alphabetischer Reihenfolge; + = ausreichende Wirksamkeit, (+) = wirksam bei geänderter Verabreichung.

Handelsprodukt	Hersteller	Formulierung	Endoparasiten						
			Zwergfadenwürmer	Lungenwürmer	Magenwürmer	kleine und große Palisadenwürmer	Askariden	Pfriemenschwänze	Magendasseln
Banminth®	Pfizer Karlsruhe	Paste				+	+	+	
Cambenzole®	MSD AGVET-Werk München	Paste, Granulat	+		+	+	+	+	
Equigard®	Shell Chemie Frankfurt	Plastik-Pellets				+	+	+	+
Ivomec® P	MSD AGVET München	Paste	+	+	+	+	+	+	+
Panacur®	Hoechst AG Frankfurt	Pulver, Granulat Suspension (10%)	+			+	+	+	
Rintal®	Bayer AG Leverkusen	Granulat, Paste, Pellets (1,9%)				+	+	+	
Rintal® plus-Paste	Bayer AG Leverkusen	Paste		(+)	+	+	+	+	+
Telmin®	Janssen Neuß	Granulat, Paste			+	+	+	+	
Telmin® plus Trichlorfon	Janssen Neuß	Paste		(+)	+	+	+		+

131

sind die Pferdehalter offensichtlich nicht in der Lage, ihren Pferden die Wurmpaste per Spritze ins Maul zu geben; denn sie müssen dafür den Tierarzt bemühen, der dann dem Pferd per Magensonde eine Flüssigkeit verabreicht, die das Wurmmittel enthält.

Da man die Würmer im Kot des Pferdes nicht sieht, bleibt festzustellen, ob das jeweilige Entwurmungsprogramm auch wirklich greift. Es gibt viele Möglichkeiten, dies zu überprüfen. Man kann eine Kotprobe unter dem Mikroskop untersuchen und die Anzahl der darin vorhandenen Wurmeier auszählen. Daraus kann man ungefähr – aber nur grob – auf die Anzahl der vorhandenen ausgewachsenen Würmer schließen. Den Strongylus vulgaris z. B. (den Blutwurm), kann man erst nachweisen, nachdem der Wurm schon etwa 6 Monate im Pferdekörper ist. Auch durch eine Blutuntersuchung läßt sich das Vorhandensein von Würmern nachweisen sowie eine Aussage dazu treffen, ob sie ausgereift sind oder nicht. Dazu werden die Proteine untersucht, die die Immunreaktion des Pferdes den Würmern gegenüber zeigen. Diese Untersuchung sagt zwar nichts über die Menge aus, liefert aber ein frühes Ergebnis.

Wolfszähne

Wolfszähne sind kleine Prämolaren, die bei einigen Pferden vorhanden sind, bei anderen nicht. Gewöhnlich sitzen sie direkt neben dem ersten normalen Backenzahn im Oberkiefer. Sie sind nicht mit den sog. »Wallachzähnen« zu verwechseln, die gelegentlich bei männlichen Pferden mitten zwischen den Schneidezähnen und den Backenzähnen zu sehen sind. Wolfszähne haben keine Wurzel und werden nur durch das Zahnfleisch gehalten. Daher können sie sich durch den Druck des Gebisses lockern. Manche Pferde reagieren mit Unbehagen darauf, andere zeigen keine Reaktion.

Maßnahmen

Wird Wert darauf gelegt, daß das Pferd fein auf das Gebiß reagiert, wie z. B. bei der Dressur, oder wenn sich herausstellt, daß ein Pferd mit Wolfszähnen das Gebiß überhaupt nicht annimmt, sind sie zu entfernen. Die dazu erforderliche Prozedur ist verhältnismäßig einfach, kann bei vollem Bewußtsein vorgenommen werden und verursacht dem Pferd erstaunlich wenig Schmerz.

9

DAS UROGENITALE SYSTEM

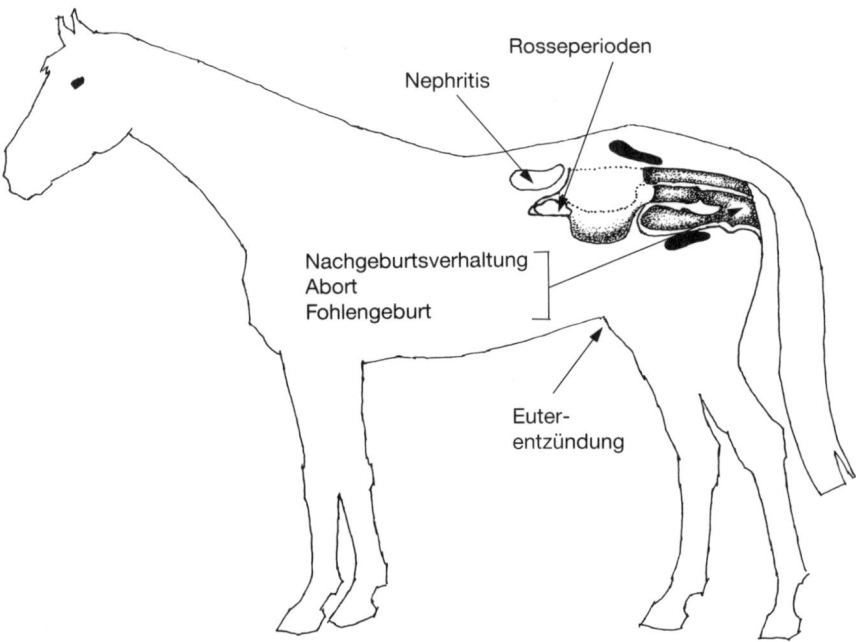

Es ist üblich, das System der Harnwege und die Geschlechtsorgane gemeinsam zu besprechen, schon aus dem einfachen Grund, weil sie bei beiden Geschlechtern einen gemeinsamen Ausgang haben. Probleme mit den Harnwegen treten bei Pferden recht selten auf. Dies liegt wahrscheinlich daran, daß nur wenige Pferde so alt werden wie vergleichsweise der Mensch. Ihr Leben endet meistens dann, wenn ihre sportlichen Fähigkeiten sich erschöpfen.

Das System der Harnwege beginnt bei den beiden Nieren, in denen es zur Bildung von Urin kommt, indem Wasser und bestimmte unerwünschte Substanzen aus dem Blutstrom herausgefiltert werden. Ein kleiner Schlauch, der Harnleiter, leitet den Urin in die Blase, die die Fähigkeit hat, sich um ein Vielfaches zu vergrößern, während sie sich mit Urin füllt. Eine einzige Röhre, die Harnröhre, entleert die Blase. Beim männlichen Pferd führt sie zum Penis, während sie bei der Stute in der Vagina mündet, direkt hinter den Schamlippen. An der Stelle, an der sie in die Vagina mündet, ist ein kleiner Vorsprung, die Klitoris. Wenn es darum geht, Tupferproben zu entnehmen, um Infektionen des Genitaltrakts festzustellen, wie z. B. die ansteckende Gebärmutterentzündung der Pferde (CEM), zeigen Klitoristupfer einen Bakterienbefall am zuverlässigsten an.

Der Geschlechtsapparat der Stute besteht zunächst aus den zwei Eierstöcken, die sich in der Bauchhöhle in der Nähe der Nieren befinden. Diese setzen Eier frei, die den Eileiter herab zum Uterus, oder der Gebärmutter, wandern. Diese hat die Form eines Y. An ihrem Ende befindet sich der Gebärmutterhals, ein Schließmuskel, der alles, was sich im Uterus befindet, von der Außenwelt trennt. Er verhindert, daß Infektionen in den Uterus eindringen, der relativ schutzlos gegen Bakterien ist. Während der Zeit der Trächtigkeit bildet der Gebärmutterhals (Zervix) eine Sperre, die das sich entwickelnde Fohlen schützt. Wird die Zervix während dieser Zeit geöffnet, kann es leicht zum Abort kommen. Ist eine Stute rossig, entspannt sich die Zervix, damit das Sperma nach dem Deckakt in den Uterus eindringen kann. Schließlich ist da noch die Scheide, die eine Art Verbindung zwischen der Zervix und den Schamlippen darstellt sowie den Ausgang nach außen.

Bei den männlichen Fortpflanzungsorganen sind da zunächst die zwei Hoden. Diese hängen, von der Haut des Hodensacks bedeckt, zwischen den Hinterbeinen. Die Samenleiter, die das Sperma passieren muß, verlaufen nicht direkt zwischen Hodensack und Penis, der direkt in Richtung Kopf des Pferdes davor liegt, sondern nach innen und um das Becken herum, bevor sie wieder der Harnröhre folgen. Die meiste Zeit über wird der Penis durch einen Muskel, den sog. Kremaster, im Penisschacht gehalten. Ist ein Pferd stark entspannt, z. B. nach einer Sedierung, entspannen sich die Muskeln und lassen den Penis nach unten heraushängen. Es ist auch durchaus normal, wenn man dies mehrfach am Tag bei den Pferden beobachtet. Der Penis ist von einer schuppenartigen, wachsähnlichen Substanz, dem Smegma, bedeckt. Auch dies ist normal. Beim Urinieren und bei sexueller Erregung wird der Penis gerade und hart durch das zusätzliche Blut, das jetzt aus den Blutgefäßen des Penis austreten kann. Die komplexen Veränderungen, die dem Sexualverhalten von Stute und Hengst zugrunde liegen, werden durch Chemikalien, die sogenannten Hormone, gesteuert. Ein Hormon ist im wesentlichen eine Substanz, die von einem bestimmten Körperteil abgegeben wird – z. B. den Eierstöcken –, um einen anderen Körperteil zu beeinflussen, wie z. B. die Entspannung des Zervixmuskels zu bewirken, von der ich ja bereits sprach. In den letzten Jahren sind die meisten, wenn nicht alle Sexualhormone synthetisch nachgebildet worden, was es uns ermöglicht, den Fortpflanzungszyklus beliebig zu manipulieren.

Fehlgeburt

Bei einer Fehlgeburt verliert die Stute den Fötus oder das sich entwickelnde Fohlen, bevor es den Reifegrad erreicht hat, um lebensfähig zu sein. Man geht davon aus, daß die normale Tragezeit 430 Tage beträgt. Dies ist alles andere als ein absoluter Wert, denn es kommen völlig normale Fohlen auch schon zwischen dem 310. und 370. Tag zur Welt. Folglich ist es auch sehr schwer vorauszusagen, ob eine Stute, die früh fohlt, einen nicht lebensfähigen Fötus abortiert, ein schwaches, aber lebendes Fohlen zu früh zur Welt bringt oder ein normales Fohlen bekommt.

Die meisten Fehlgeburten bei Stuten ereignen sich in den ersten drei Trächtigkeitsmonaten. Dies hat dazu geführt, daß eine endgültige Untersuchung auf Trächtigkeit meist erst um den 100. Tag nach dem letzten Sprung des Hengstes vorgenommen wird. Zu diesem Zeitpunkt ist der Fötus sehr klein, und es kann dem Pferdehalter leicht entgehen, wenn die Stute abortiert. Häufig heißt es dann, die Stute habe resorbiert, auch dann, wenn der Fötus in Wirklichkeit aus dem Uterus ausgestoßen worden ist.

Eine Stute, die eine Fehlgeburt hat, macht weitgehend die gleichen Phasen durch wie eine normal fohlende Stute. Sie bekommt Wehen, stößt den abgestorbenen Fötus aus sowie die Flüssigkeiten, die ihn umgeben haben, und anschließend die Fruchthäute, oder Nachgeburt. Wurde die Fehlgeburt durch eine Infektion ausgelöst, sind Fötus, Fruchtwasser und Nachgeburt allesamt mit dem Erreger infiziert. Die gravierendste infektiöse Ursache von Fehlgeburten ist wohl das Pferde-Herpesvirus Typ I (EHVI). Dieses Virus verursacht bei Pferden häufig eine Infektion der Atemwege, außer es trifft auf tragende Stuten und infiziert sie entweder dadurch, daß sie mit ansteckendem Material in Berührung kommen, oder über Tröpfchen in der Luft (was übrigens der weitverbreitetste Ansteckungsweg für Infektionen der Atemwege ist). Die Folge kann eine ganze Flut von Fehlgeburten sein, bei der die meisten Stuten im letzten Teil der Trächtigkeit verfohlen.

Maßnahmen

In England hat die Vollblutzüchtervereinigung einen verbindlichen Maßnahmenkatalog aufgestellt, der von den Mitgliedern zu befolgen ist, sobald eine Fehlgeburt bekannt wird. Der wichtigste Punkt dabei ist, für eine gründliche Untersuchung des Aborts zu sorgen, eine mögliche infektiöse Ursache festzustellen, sowie die Stute, die die Fehlgeburt hatte, zu isolieren, damit die Infektion nicht auf andere Pferde übertragen werden kann. Solange Infektionen wie EHVI nicht völlig ausgemerzt sind, sollten keine Pferde aus dem Bestand heraus oder in den Bestand hinein gebracht werden, damit sich die Infektion nicht verbreitet, bevor sie überhaupt diagnostiziert worden ist. Auch die Stelle, an der die Fehlgeburt stattgefunden hat, ganz gleich ob im Stall oder draußen auf der Weide, ist unbedingt zu desinfizieren.

Einige Stuten haben immer wieder Fehlgeburten, und man hat eine Zeitlang vermutet, daß ein Mangel an Progesteron dafür verantwortlich sei. Progesteron ist das Hormon, das für das Fortbestehen einer Trächtigkeit verantwortlich ist. Inzwischen weiß man, daß dies nicht der Fall ist. Es ist sinnlos, Stuten, die verfohlt haben, in nachfolgenden Trächtigkeiten Progesteron zu verabreichen.

Fohlengeburt

Die Fohlengeburt ist eindeutig keine Krankheit, sondern ein natürliches Ereignis; dennoch gehe ich davon aus, daß einige allgemeine Ratschläge und Anhaltspunkte zur normalen Geburt für einen unerfahrenen Züchter wertvoll sein können und ihm helfen, zu erkennen, wenn etwas falsch läuft. Sollte dies der Fall sein, ist der Tierarzt sofort zu rufen. Der größte Teil der Fohlengeburten geht ohne Komplikationen vonstatten; kommt es aber zu Problemen, so sind sie meist gravierend, wegen der sehr starken Kontraktionen des Uterus der Stute, der alles herauspreßt, ganz gleich unter welchen Umständen.

Am Tag, bevor die Stute fohlt, kann eine honigähnliche Flüssigkeit aus ihren Zitzen tröpfeln. Diese bezeichnet man als Harz. Es muß nicht immer dazu kommen. Manchen Stuten läuft schon Tage vor dem eigentlichen Abfohltermin vollständige Milch aus dem Euter, was bedeutet, daß das Fohlen bei seiner Ankunft kein Kolostrum oder keine Biestmilch bekommt. Die meisten Stuten fohlen nachts. Sie spüren es, wenn jemand sie beobachtet, und müssen daher ohne Unterbrechung unter Beobachtung stehen, wenn man beim

Abfohlen dabei sein will. Die erste Wehenphase dauert 1–2 Stunden. Die Stute kann dabei Unruhe zeigen und an Hals und Körper stellenweise stark schwitzen. Manche Stuten schauen sich immer wieder zur Flanke um oder treten danach; alle Symptome einer Kolik sind in dieser Phase möglich.

Die zweite Wehenphase besteht in der eigentlichen Geburt des Fohlens. Wie ich schon sagte, geht sie meist sehr schnell vonstatten, d. h., sie dauert oft nur 20 Min. vom Anfang bis zum Ende. Man kann die Kontraktionen des Abdomens erkennen. Dabei steht die Stute, oder sie liegt auf der Seite. Bevor das Fohlen selbst erscheint, tritt eine mit Flüssigkeit gefüllte Haut aus, die dann reißt. Vom Fohlen kommt entweder zuerst ein Vorderfuß zutage, dann der zweite und schließlich der Kopf, oder es handelt sich um eine Hinterendslage, bei der die beiden Hinterbeine zuerst zum Vorschein kommen (jede Abweichung von diesen zwei Varianten ist mit Sorge zu betrachten). Anschließend wird das ganze Fohlen ausgestoßen. Zu diesem Zeitpunkt ist es noch über die Nabelschnur mit der Stute verbunden. Man sollte nichts unternehmen, um sie zu durchtrennen, weil durch sie noch mehrere Minuten nach der Geburt weiter Blut in das Fohlen gepumpt wird. Sie reißt von selbst, wenn das Fohlen sich wegbewegt, oder wenn die Stute aufsteht. Die dritte Phase der Geburt besteht in der Abstoßung der Fruchthäute. Dies sollte innerhalb von 6–8 Stunden nach der Ankunft des Fohlens erfolgt sein. Zu diesem Zeitpunkt sollte das Fohlen auch bereits auf den Beinen sein und saugen.

Maßnahmen

Heute steht uns ein einfaches Testverfahren zur Verfügung, welches angibt, ob die Stute in den nächsten 12 Stunden fohlen wird, und dem Pferdehalter bei der Entscheidung hilft, ob er bei der Stute wachen soll. Eine kleine Probe der Stutenmilch wird in ein spezielles Teströhrchen gemolken und ein Papierstreifen in die dabei entstandene Mischung getaucht. Eine Farbveränderung, die den Kalziumgehalt der Milch anzeigt, gibt darüber Auskunft, ob die Geburt bevorsteht.

Sie sollten den Tierarzt benachrichtigen, wenn irgend etwas nicht so verläuft, wie erwartet. Unerfahrene Züchter sollten vorsichtshalber ihren Tierarzt rufen, sobald die Stute anfängt zu fohlen, damit Hilfe da ist, wenn sich irgendwelche Komplikationen ergeben. Auf jeden Fall sollte überprüft werden, ob die Vulva der Stute bei der Geburt gerissen ist. Solche Risse müssen genäht werden, damit der luftdichte Schluß, den die Schamlippen gewährleisten, nicht gefährdet ist. Denn wenn dies eintritt, können Luft und Infektionen in die Vagina gelangen und verhindern, daß die Stute wieder tragend wird. Man sollte alles dazu tun, daß das Fohlen in den ersten 12 Stunden nach der Geburt gut saugt und genug Kolostrum bekommt. Der Nabel des Fohlens sollte an der Abriß-stelle mit Antibiotika behandelt werden.

Kontrolliste für die Fohlengeburt

1. Legen sie die Telefonnummer bereit, damit Sie sie sofort zur Hand haben.
2. Sorgen Sie für elektrische Beleuchtung in der Abfohlbox oder für eine gute Taschenlampe mit neuen Batterien.
3. Halten sie steriles Catgut und Antibiotikaspray/-puder für die Behandlung des Nabels bereit. Binden sie erst ab, nachdem der Nabel von selbst gerissen ist.
4. Halten Sie Handtücher bereit, um ein schwaches Fohlen ab-trocknen und durch Reiben stimulieren zu können.

Rosse und Rossezyklus

Da die Hälfte der Pferde Stuten sind, sollten auch Pferdehalter, die nicht zu züchten beabsichtigen, eine gewisse Vorstellung vom Fortpflanzungszyklus der Stute haben. Etwa 5 Tage lang ist die Stute empfängnisbereit für den Hengst und läßt sich decken. Diese Zeit nennt man Rosse. Ihr folgt eine Zeit von 16 Tagen, in denen die Stute den Hengst abschlägt. Dies ist die rossefreie Zeit. Alles in allem dauert ein Rossezyklus etwa 21 Tage, bis alles wieder von neuem einsetzt. Stuten sind nur in den Sommermonaten sexuell aktiv. In der Vollblutzucht dauert die Zuchtsaison vom 15. Februar bis zum 15. Juli, doch die natürliche Zuchtsaison geht von April bis August. Während der Wintermonate sind die Eierstöcke der meisten Stuten nicht aktiv, und es kommt zu keiner Rosse.

Zur Zeit der Rosse befindet sich ein großes, reifes Follikel in einem der Eierstöcke, das ein reifes Ei beherbergt. Zu diesem Zeitpunkt (meist handelt es sich um das letzte Drittel dieser Zeit) springt das Follikel und gibt das Ei frei. Diesen Vorgang bezeichnet man als Ovulation. Wird die Stute gedeckt, kann sich das Ei mit einem der Spermafäden des Hengstes verbinden, während es durch den Eileiter wandert, der eine Verbindung zwischen Eierstock und Uterus darstellt.

Während der Rosse setzt das Follikel das weibliche Geschlechtshormon Östrogen frei, und dieses gelangt in den Blutkreislauf. Dies führt zu Verhaltensveränderungen, die dem Hengst (und uns) anzeigen, daß die Stute roßt. Die Stute steht dann mit zur Seite gehaltenem Schweif da. Die Muskulatur der Schamlippen kann sich dabei zusammenziehen und wieder entspannen, was ähnlich aussieht, wie das Blinzeln eines Auges. Dabei kommt es wiederholt zum Absetzen kleiner Mengen von Urin. Das Verhalten der Stute kann sich während der Rosse deutlich verändern. Ruhige Stuten zeigen dies sehr oft durch Wiehern und Rufen nach anderen Pferden. Sie können auch weniger gehorsam und leitbar sein; daher sagt man von schwierigen Stuten, daß sie sehr »zickig« (stutenhaft) sind. Andere Stuten sind in dieser Zeit besonders ruhig und jammern einem ihrer Stall- oder Weidegenossen nach, auch wenn es sich nicht um einen Hengst handelt.

Maßnahmen

Das Rosseverhalten ist vollkommen normal und bedarf daher in den meisten Fällen keiner Betreuung. Es kann vorteilhaft sein, Stuten und Wallache in getrennten Gruppen zu halten. Manche Stuten lassen sich während der vollen Rosse nicht gut reiten. Soweit dies von Bedeutung ist, kann das Einsetzen der Rosse durch die Verabreichung eines synthetischen Progesteron-Präparates mit dem Futter verschoben werden. Die Stute beginnt dann 6 Tage nach Absetzen des Medikaments zu rossen. Man sollte sich klarmachen, daß der häufigste Grund, wenn eine Stute im Sommer aufhört zu rossen, Trächtigkeit ist! Auch wenn man nichts davon weiß, daß ein »ganzer« Hengst mit der Stute in Kontakt war, ist dies nicht auszuschließen. Anders als bei Frauen, setzt der Sexualzyklus bei Stuten nicht im mittleren Alter aus.

Euterentzündung (Mastitis)

Die Mastitis ist eine Infektion des Stuteneuters. Sie wird einer ganzen Reihe von Bakterien zugeschrieben, von denen die meisten nach einem leichten Trauma des Euters oder der Zitzen eindringen können. Stuten, die kein Fohlen säugen, haben nur sehr selten eine Euterentzündung. Erstes Anzeichen dieser Erkrankung ist, daß die Stute das Fohlen nicht saugen lassen will und das Fohlen Gewicht verliert. Das volle Euter schwillt an, wird heiß und hart. Melkt man mit der Hand ein wenig von dem Sekret ab, sieht man, daß sich die Zusammensetzung geändert hat. Je nach Art der Infektion kann es wäßrig und übelriechend sein, oder aber dick und eitrig. Bei einer akuten Euterentzündung hat die Stute erhöhte Temperatur und frißt nicht.

Maßnahmen

Sind beide Euterhälften betroffen, **muß das Fohlen ab sofort mit der Flasche gefüttert werden**, um es zu schützen. Es kann notwendig sein, der Stute Antibiotika zu geben, und zwar sowohl als Injektion in die Blutbahn wie auch durch Infusion in die Zitzen selbst. Es ist von entscheidender Wichtigkeit, die infizierte »Milch« auszumelken. Fast immer läßt sich das Euter mit Hilfe einer Antibiotikatherapie völlig wiederherstellen, so daß die Stute in der Lage ist, ausreichend Milch für ihre zukünftigen Fohlen zu liefern.

Nachgeburtsverhaltung

Wie ich im Abschnitt über die Fohlengeburt bereits sagte, sollte die Nachgeburt, oder Plazenta, innerhalb von 6–8 Stunden nach dem Fohlen abgegangen sein. Verbleibt sie in der Stute, infiziert sie sich nach kurzer Zeit, bei schweren toxischen Auswirkungen auf die Stute. Manchmal kann man sehen, wie ein Teil der Nachgeburt aus der Vulva der Stute heraushängt; in anderen Fällen ist nichts zu sehen, und man weiß nur, daß die Nachgeburt mit Sicherheit noch nicht abgegangen ist.

Eine Stute mit einer Nachgeburtsverhaltung hat Fieber und macht einen sehr kranken Eindruck. Die toxischen Auswirkungen der Infektion können eine akute Hufrehe auslösen. Bei der Vulva kommt es dabei häufig zu einem übelriechenden Ausfluß.

Maßnahmen

Nach jeder Fohlengeburt ist die Nachgeburt zu kontrollieren und sicherzustellen, daß sie vollständig abgegangen ist; denn auch sehr kleine Mengen, die in der Stute zurückgeblieben sind, können eine Blutvergiftung hervorrufen. Die Plazenta hat die Form eines Y, wobei jeder Ast des Y ein deutlich abgerundetes Ende hat. Eine gesunde Plazenta ist von rötlicher Farbe, seltener gelblich, hat eine glatte Außen- und eine rauhe Innenseite. (Während der Trächtigkeit ist es genau andersherum. Die rauhe Seite ist an der Uteruswand angeheftet, aber die Plazenta wird umgestülpt, wenn sie abgestoßen wird.)

Hat eine Stute nicht innerhalb von 12 Stunden nach der Geburt die Nachgeburt vollständig abgesetzt, wenden Sie sich an Ihren Tierarzt. Manchmal muß die Nachgeburt mit der Hand abgelöst werden. In anderen Fällen fördert die intravenöse Infusion eines Kochsalz-Hypophysenhormonpräparates die Nachgeburt zutage. Ganz gleich, was sich zugetragen hat, eine anschließende Antibiotikabehandlung schaltet das Risiko einer Infektion und Blutvergiftung aus.

Nierenentzündung

Obwohl dieses Kapitel dem Urogenitalsystem gewidmet ist, treten nur sehr selten urologische Probleme beim Pferd auf. Pferdehalter vermuten oft, daß ihr Pferd es »an den Nieren« hat, doch dies trifft selten zu.

Pferde mit einer Nephritis (oder Nierenentzündung) verlieren Gewicht. Wenn die Nieren schmerzen, zeigt das Pferd das gleiche Verhalten wie bei Rückenschmerzen. Erkrankte Pferde trinken mehr als normal, aber diese beiden Symptome lassen sich nur schwer im Stall feststellen. Trüber Urin ist normal bei Pferden und weist nicht auf eine Nierenentzündung hin.

Maßnahmen

Besteht Verdacht auf eine Nierenentzündung, läßt sich anhand eines Blutbildes schnell feststellen, ob die Nieren normal arbeiten. Ödeme oder angelaufene Beine werden viel häufiger durch Beinprobleme verursacht als durch eine Nierenentzündung; wenn eine Ödembehandlung auch die Nieren miteinbezieht, sollten Diuretika verabreicht werden, um die Nierentätigkeit anzuregen und die Flüssigkeit auszuschwemmen.

Praxiswissen für Pferdebesitzer und Reiter

Edward C. Straiton
Pferdekrankheiten
Fundierter Ratgeber mit über 300 Fotos: Erkennen und Behandeln allgemeiner Pferdekrankheiten und besonderer Verletzungen mit Tips zu Stallhaltung, Fütterung und Zucht.

Gerd Emich
Naturheilkunde Pferdekrankheiten
Band 1: Bewährte Behandlungsmethoden

Band 2: Erkrankungen der Atmungsorgane

Therapieplan mit 130 homöopathischen Heilmitteln

Biologische Ganzheitstherapien mit Krankheitsbildern und Therapievorschlägen.

John Hickman
Der richtige Hufbeschlag
Illustriertes Handbuch für Theorie und Praxis Geschichte des Hufbeschlags, Anatomie und Physiologie des Hufs, Werkzeuge, verschiedene Hufeisentypen, Methoden des Hufbeschlags und der Hufpflege.

Tom Ainslie/Bonnie Ledbetter
So verstehen Sie Ihr Pferd
Körpersprache und Verhalten Fundiertes Praxisbuch über Natur, Bewußtsein und Sozialverhalten des Pferdes: viele Beispiele zu Körpersprache und Problemlösungen, Anleitungen zur Erziehung des Fohlens, Tips zum Kauf eines Pferdes oder Rennpferdes.

Ulrik Schramm
Das verrittene Pferd
Ursachen und Wege der Korrektur Praxisbuch für Reiter und Pferdebesitzer: Probleme, die bei der Ausbildung von Reitpferden auftreten können, mögliche Ursachen, notwendige Korrekturarbeit.

Ulrik Schramm
Die Untugenden des Pferdes
im Stall und unter dem Sattel Voraussetzungen, Ursachen und Erscheinungsformen von Untugenden im Stall und unter dem Sattel, Korrekturmöglichkeiten, Ratschläge für die Pferdepraxis.

In unserem Verlagsprogramm finden Sie Bücher zu folgenden Sachgebieten:

Garten und Zimmerpflanzen • Natur • Heimtiere • Angeln • Jagd • Reise • Sport und Fitneß • Wandern, Bergsteigen, Alpinismus • Pferde und Reiten • Auto und Motorrad • Gesundheit, Wohlbefinden, Medizin • Essen und Trinken

Wünschen Sie Informationen, so schreiben Sie bitte an:
BLV Verlagsgesellschaft mbH
Postfach 40 03 20 • 80703 München
Telefon 089/12705-0 • Telefax 089/12705-547